社会工作流派译库
（第三期）
“十三五”上海重点出版物出版规划项目
上海文化发展基金会图书出版专项基金资助项目

系统介入

——社会工作实务模式

［意］Annamaria Campanini 著
杨 旭 译

華東理工大學出版社
EAST CHINA UNIVERSITY OF SCIENCE AND TECHNOLOGY PRESS
·上海·

图书在版编目(CIP)数据

系统介入：社会工作实务模式 /（意）安娜玛丽亚·坎帕尼尼(Annamaria Campanini)著；杨旭译. —上海：华东理工大学出版社，2019.7
(社会工作流派译库.第三期)
ISBN 978-7-5628-5926-0

Ⅰ.①系… Ⅱ.①安… ②杨… Ⅲ.①社会工作 Ⅳ.①C916.2

中国版本图书馆CIP数据核字(2019)第135659号

著作权合同登记号："图字：09-2018-1144号"

策划编辑 / 牟小林
责任编辑 / 牟小林
装帧设计 / 袁银昌设计工作室
出版发行 / 华东理工大学出版社有限公司
地址：上海市梅陇路130号，200237
电话：021-64250306
网址：www.ecustpress.cn
邮箱：zongbianban@ecustpress.cn
印　　刷 / 上海中华商务联合印刷有限公司
开　　本 / 710 mm×1000 mm　1/16
印　　张 / 14
字　　数 / 227千字
版　　次 / 2019年7月第1版
印　　次 / 2019年7月第1次
定　　价 / 128.00元

译库学术顾问委员会

总序

这是我们与华东理工大学出版社合作的第二套译著丛书。21 世纪初，我们所推出的 18 种一套上海市重点图书“社会工作名著译丛”获得了学术界的热烈反响和高度认同。本套译库与以往不同的是，更加聚焦于介绍西方社会工作的理论流派，但又不局限于理论流派的译介。西方的社会工作历经一百多年的发展，已经形成了诸多视角、理论、模式与方法。知识转移与全球共享是当代社会工作发展的一个重要特点。熟知并批判性地借鉴西方社会工作理论，对于建构兼具国际规范与中国特色的社会工作理论、制度、实务模式，无不具有重要的理论意义和实践意义。唯其如此，中国社会工作学界方有可能参与全球专业知识库的建构，以推动国际社会的公平与正义。

需要强调的是，中国社会工作的制度设计与发展经验具有本土的特点，不能简单地照搬西方的理论框架去加以解释。这就要求我们，在学习借鉴西方社会工作专业知识的同时，应警惕本国专业共同体因理论的“不自觉”“不自信”而在全球知识界处于失语状态。因此，必须立足和扎根于我国社会体制改革、新社会组织、新社会服务和现代社会工作制度建构的实践，积极进行中国社会工作的理论建构与知识创新。唯其如此，中国的社会工作学界才有能力提升在全球的话语权，从而为全球社会工作贡献中国力量。

衷心希望本套译库能为中国社会工作的发展提供新的知识支持，以进一步推动国内的社会工作理论研究与知识建构。须知，没有系统强劲的社会工作理论的科学支撑，就不可能有系统强劲的社会工作发展实践。

本套译库的出版得到了相关出版基金的大力资助，为此我的感谢与感激之情难以言表！ 这里，我要向所有参与翻译本套译库的同仁表示感谢，因为他们的奉献体现了社工学人的专业精神！ 感谢华东理工大学出版社，因为他们始终对我们充分信任及对社会工作学科建设鼎力支持！ 我还要特别感谢何雪松教授，因为他持之以恒的追求、坚持和奉献，我们才有了本套译库的中文版！

是为序。

华东理工大学中国社会工作研究中心
徐永祥

中文版序

自从2009年开始，我有机会经常来中国，有幸接触了很多中国高校的同仁，与中国社会工作界的师生沟通，并通过参加学术研讨会了解了中国社会工作专业的发展。在这里，我受到了热烈的欢迎，得到了无微不至的关照，中国友人的盛情让我感到受宠若惊。在中国的经历为我开辟了另一个全新的天地，在这里的所见所闻令人着迷，我结交了新朋友，开展了很多新合作。

我在米兰的时候与中国学者杨旭见过面，她当时在意大利访问学习，我们的相识开启了一种从未有过的新可能，让我萌生了将这本 *L'intervento Sistemico: Un Modello Operativo Per Il Servizio Sociale* 翻译成中文的想法。

2016年6月，我成为国际社工教育联盟协会主席，我特别感谢徐永祥教授的大力支持，我们在一起探讨西方逻辑和本土化过程的重要性，对社会工作的"非殖民化"进行了大量探讨。所以，我也问自己，再次重申社会工作诞生在欧洲，特别是在意大利的发展是不是有特别的意义？

尽管意大利和中国地理位置相距遥远，各自有不同的发展历史，政治、文化、社会工作的发展也不尽相同，但我们有着诸多相似之处。例如，我们有相似的价值观，我们高度重视家庭，崇尚团结等。

我在意大利帕尔马教授社会工作20余年，正逢一个伟大的时代，理想的时代，是创意可以淋漓尽致发挥的时代，在此期间，有多项创新做法获得法律的批准。我曾在一个著名的家庭治疗团队作为治疗师接受培训，结识了全球著名的"米兰团队"，这个团队由很多名人开创，他们是 Mara Selvini Palazzoli、Guliana Prata、Gianfranco Cecchin 和 Luigi Boscolo。团队随后解散，我跟着 Boscolo 和

Cecchin 接受了家庭治疗的大部分训练。

然而，在意大利，社会工作者不能从事临床工作，因为意大利规定这只能由心理咨询师和精神病学家从事，所以我的目标是转移系统介入方法的前提，在我看来，这与社会工作专业日常实践中的价值观非常一致。

本书旨在为社会工作教师、学生和社工提供助人关系的全球视野，这一系统涉及家庭介入、重要关系系统的规划与介入、参与情境的分析。通过此方式，我相信有可能完全实现社会工作最初的“人在情境中”的逻辑，同时也避免陷入简化的官僚逻辑和对人们需求的纯粹物质反应，使他们积极参与成为可能，真正实现对案主及其家庭的赋权。在理论部分，我非常感谢几位作者，他们为家庭治疗的发展做出了杰出贡献，为我提供了重要的参考。

对于整本书的撰写，我不能不提及 Francesco Luppi 的贡献，他是我的一位同事和朋友，我们在意大利各地开设培训课程，他陪伴我一起制订系统模型，从第一步开始，与我分享很多教学时刻。从这些交流过程中产生的火花对于丰富理论、完善概念的操作性也很重要。

本书能被翻译成中文，我还要感谢译者杨旭，感谢华东理工大学出版社，因为他们的帮助，我的理论思考才有可能与中国读者见面，才能不受意大利语言的限制，在国际舞台上寻找到更多的发展空间。我也希望本书能够促进意大利和中国社会工作之间的讨论与发展，为两国社工界的交流搭建桥梁。

Annamaria Campanini

目录

第一章

系统关系的方法

第一节　社会工作：科学的需要

社会科学的研究领域广泛而复杂，热点问题不断更迭、层出不穷，尤其是在社会转型加速时期，科学研究需要迅速调整以跟上加速变化的社会，并帮助人们解读这些社会现象。在这样的背景下，新理论和新思潮不断涌现，社会工作的新模式也应运而生。

在这一情形下，许多学者做了令人饶有兴致的研究，我们在研究他们论著内容的基础上（Butrym，1976；Du Ranquet，1981；Dal Pra Ponticelli，1985a）来分析社会工作演变的特征与模型。

在深入分析系统关系的方法理论、原则及其对社会工作实务的贡献之前，我们要对专业行为的科学假设进行反思，这种反思对我们的分析将大有裨益。

为此，让我们将视线向前拉伸，返回到社会工作创立伊始，由此出发，对社会工作的本质进行分析，即认识到社会工作既是一门科学，也是一门学科，具有专业化和职业化的特性。事实上，正如比安奇（Bianchi）所说："我们需要对社会工作方法进行反思，这不仅可以建立理论或职业认同，还能为社会工作打下坚实基础，并强调目标与干预方法之间的联系。"（Bianchi in Dal Pra Ponticelli，1985：64）

由于社会发展中各阶段的环境、政治和经济状况不同，社会工作在历史演进中的工作重点也存在差异，但无论如何，社会工作都一直致力于社会服务，与社会政策保持一致，并关注社会科学的理论发展。

在深入探寻社会工作方法时，我们要问的第一个问题是：是否存在一种"可以被描述、分析、传播"的方法，或者说是否存在社会工作"方法论"和"社会工作专业的文化遗产"（Bianchi in Dal Pra Ponticelli，1985：64）。

费拉里奥（Ferrario，1996）认为，社会工作在发展过程中，由于多种因素相互关联与相互依赖，在形成并巩固专业方法论上面临诸多困难，因此要发展社会工作方法并非易事。

社工专业的发展思路和研究路径也会遭遇困境，一方面是因为社会工作具有高度的实务倾向，需要强烈的情感注入；另一方面也因为社会工作者介入受助者所处环境的合法性不足，或者社会工作者的职业内容和性质对外界不太敏感。尽管在理论上，开设社会工作专业的学校可以为实践提供重要而有价值的支持，但事实上社会工作的理论研究并不稳定，还存在很多问题，导致我们难以介入实践中，所以社会工作培养院校并不总是能够对实践进行理论化，或者肩负理论振兴的责任。

在这些因素中，我们可以进一步假设社会工作是以性别为特征的，因为大多数的社会工作从业者是女性。在这方面，费拉里奥（1996：29）指出，可以假设：

女性居多的这一职业特征加剧了社会工作"可获得性"的特征，女性不习惯表现自己，在助人的过程中，她们更注重女性或者母性的规范，宁愿在舞台后面做协助，这使得她们的工作与其说为了帮助他人，更不如说是女人的本性使然，这让我们重新阐述和解释社会工作的方法。

尽管在社会工作方法的研究上存在诸多客观难题，也不乏有许多高质量的研究，这些研究试图定义社会工作服务方法与过程。

在 1983 年举行的锡耶纳会议上，与会教授们对此持有积极肯定的观点：

近年来，社会工作逐步形成了一套成熟的价值观和操作原则，并在实践中发展了一套方法论。方法论的基本要素适应社会工作专业的要求，并在实践中得到验证，使社会工作成为一个具有自身文化内涵的学科。

社会工作正在不断地系统化，针对实务积累操作知识，并不断借鉴其他学科的发展成果，我们可以假设社会工作具有一种"操作理论"，但这一理论并非一劳永逸、一成不变，社会工作学科的发展在一定程度上反映了社会的现实需求。在一定方法与原则下，社会工作的发展与社会需求、制度演变以及理论发展息息相关。

我们认为社会工作所提供的服务结果至关重要，社会工作服务的目的绝非单纯为了知识而获取知识，而是注重干预过程中的认知要素。当然，这意味着社会工作在多个层次上具有复杂性，与其他操作性强的社会科学（如医学、工程、教育学）一样，有必要借鉴其他学科，从中汲取养分。正如德·贾西托(De Giacinto, 1984：7－9)所说："需要了解复杂多样的非源于本学科的知识……因其构成是复杂的，并具有强烈的价值倾向，所以社会工作不提供确定性的规则，而是为工作者提供工具。"

很多学科及其不同范式都对社会工作有贡献，且这种贡献随着时间推移而具有不同权重。有时哲学位居重要榜的首位，有时则是心理学更重要(有不同的方法)，总体而言，对社会工作更具有决定性意义的学科是社会学。

正如比安奇(1985：69)所强调，社会工作理论受到不同意识形态、学科和理论的影响而具有动态结构，社会工作是一个解决"历史"问题(解决问题的理论)的学科，这一学科要根据不同情境和事实而不断发展，既保持其内在的连贯性，又不断向前探寻发展。

有人可能会问，在社会工作专业中有不同学科的元素，这些元素如何能够共同构成一个新的学科体系，而不只是理论和实践内容的简单拼接?

比安奇的反思似乎可以回答这个问题(Bianchi, 1985：71)，他认为"社会工作要解决的问题具有复杂性，这可能是因为主客体之间的统一问题、社会工作的目标体系问题，也源于个体之间以及个体与环境、社会组织之间的复杂关系"。

社会工作理论源于其他人文科学的知识(实践理论)与思考，也源于对实践的反思(实践理论)。

关于第一个问题，达尔·普拉·庞提切力(Dal Pra Ponticelli, 1985：14)回顾说："社会工作者的知识水平不仅是描述性的，在许多情况下也是分析-解释性的，是在一定规范性标准下对实践路径的具体选择。"

总之，这位学者将社会工作定义为理论—实践科学，将其归入"社会科学范畴，因为社会工作致力于解决个人与社会环境之间的问题"(Dal Pra Ponticelli, 1996：10)，关注社会科学有关方法的选择。

费拉里奥(1996：21)将反思方法作为一种证明专业精神的要素，重申了这个概念的意义，即路径(通路)，在适当的标准(理性程序)下实现预定目标(实现目标)。

这不仅涉及实践领域，而且还是复杂的概念系统，是各种元素的集合，社会工作服务预先假定：

- 价值标准(道义论)和科学知识是指引实践的基础；

- 选择的定义，这是要实现的目标以及对操作结果的预测；
- 实务操作与文案撰写要紧密联结；
- 对经验进行反思有利于方法论的建构与发展。

比安奇(1985：73)也认为，社会工作方法“为了实现既定目标而与实践紧密联系”，或者可以定义为“源于目标，并与功能紧密联系，是认识人类及社会的必要科学，社会工作的内在关系(包括服务于案主)在实践中遵循专业价值观、原则以及理论基础，这些共同组成了这一学科的理论标准”。

达尔·普拉·庞提切力(1996：9－10)将这些内容加以深化，他认为社会工作方法是“引领、指导社会工作目标实现的方式”，强调合法的表达需求，在借鉴其他学科内容的基础上，社会工作制订本学科的具体操作程序。

在研究社会工作科学方法的理论根源时，阿玛萨利(Ammassari，1985：178)告诫说，每一种方法的选择都必然涉及认识论的选择，与社会工作最接近的认知理论是所谓的批判现实主义，这一理论“既能很好地体现事实知识的汇集，也能对知识进行理性反思”(Dal pra Ponticelli，1996：11)。

我们还需要看到，社会工作不仅“需要对人与人、人与环境关系中存在的问题进行调查与介入”，还涉及“现实世界的制度化、历史性和系统化的社会关系”。认识论的选择必须使知识成为能够全面展现情感、理性和道德的过程，其中理性通过移情或者象征方法总是渗透在认知的过程中(Donati，1991：227)。

因此，批判现实主义假设提供了通过“客观方法来解释现实”的可能性，这种客观的方法试图“解释”、理解看似偶然的数据，把握有意向的可能性，感知人类的行为(Dal Pra Ponticelli，1996：10－11)。

达尔·普拉·庞提切力(1996：10－11)根据杜威(Dewey，1949)的观点，认为对知识的范式与情境的评估，还要考虑认知心理问题，这更多地属于个人关系的范畴。他们发现，这两种方法都找到了20世纪80年代以来社会工作成熟信念(convinzione maturata)的理论证明，不论案主的类型或实务中的问题是什么，都有可能用统一方法指导社会工作者。

在组织和机构层面上的变化，社会工作者在所属领域分布以及专业角色的多样性和普及性，与潜在案主和面临的问题息息相关，不同情况下所需的干预措施都对已有方法的统一化进程起到了加速器的作用。

在研究细分方法到整合方法演变的过程中，我们可以发现，焦里奥(Giorio，1969：203)特别担心在不同方法之间的二分法风险，它们之间的内容是部分交织在一起的。他认为："社会工作只有一种专业方法，为实现理想的目标，尽管有不同的实务水平和技术，但只能运用全面的、整合的方式进行干预，提升福祉，而不仅是治愈或引领。"

几年之后，盖特莱维(Getrevi，1973：79)指出："我们需要把社会工作方法从单一的视角转变为整合所有方法的视角，从问题出发，进行形势评估，在一个被激活的环境过程中理解其各个组成部分……"

在社会工作方法论演变的过程中，不同"专业方法"一直存在着分阶段发展的路径，但是今天各种方法的统一成为更为明确、重要的方法。

从传统的细分模式，比如典型的"研究—诊断—治疗"模式、医疗模式，后面发展起来的模式更为广泛，模式的过程从"认知/描述阶段"到"评估/决策"阶段，再到"实施阶段"，进而再从需要干预的"验证阶段"到最终得出"干预结论"(Dal Pra Ponticelli，1996：15-16)。

无论在服务或研究中面临的问题类型如何，社会工作者都可以采用针对个体与家庭的个案方法、团体方法或社区方法，各种方法在不同阶段的工作程序上基本是一致的。

然而重要的是，每个阶段都可以进一步细化，并且是沿着"螺旋式上升"的逻辑发展，不同阶段通过内在的逻辑顺序联结，有时也可能根据需要重新激活前面的阶段并加强巩固这一阶段的功能；反之亦然，即我们需要对后续阶段的内容与活动进行提前预测。

应该强调的是，社工介入的路径并不是唯一的，所使用的活动和工具也必须具有多样化。

当前存在争议的是，在实验和研究的基础上，在收集资料阶段开始后，应该开辟更为广阔的科研领域，这有两个方面的内容很有趣：

(1) 社会工作(助人过程、服务组织、社区活动、社会调查)各个阶段内容的比较；

(2) 社会工作各维度层面的认定与分析，如干预对象、目标、利益相关者、工具的认定，与教育层次不可或缺的理论基础，与专业态度一致的价值取向。

第二节 模型方法

社会工作是否具有科学性，这一辩论的核心很明显体现在实践方法上，我们接下来面临的问题就是如何构建一个精确的理论模型，作为实践方法的导向，保证我们在实践中不具有随意性。

首先，让我们明确“模型”这一术语的含义。意大利学者对这一术语的贡献是：“易于复制、模仿的对象或术语，能够提供方便的参照方案。”这个定义突出了模型如何回应或者能够回应社会工作作为一种专业实践的需求，其内容是可重复、可传播并且需要验证的。这些要求肯定了社会工作实践内容可以被科学定义，而不简单地归依于每个社会工作者的常识或自我创造性。建立自己的科学方法有利于建立专业基础。

继而，我们来定义“理论”这个术语。根据有些学者的说法，这是“对科学、艺术或知识分支中一般原则的系统表达，也是通过纯粹逻辑可以从这些原理中得出的推论”。

现在我们的问题是，模型与理论之间有什么关系，两者之间有何不同，或者它们之间究竟有多大差别。

里德（Reid）和爱普斯坦（Epstein）认为，模型具有描述和定义的基本功能，与理论是不同的，理论必须作为模型本身的基础和理由（Butrym，1976）。理论提供了可以为实践建立模型的假设。因此，该模型从理论上接受了一个分析结构，并且允许检查在专业操作中不时出现的问题。因此，理论为该模型提供了为什么我们可以针对特定情况以特定方式采取行动的可能性。因此，理论和模型是不同的元素，理论是模型的根源。

社会工作实践理论模型的制订必须考虑一些变量及其相互关系。有学者认为，特别需要保证该行业的原则和价值观之间理论基础的一致性，并且要适应经验模型，符合实践的需求（Ponticelli，1985）。

无论采用何种模式，工作实务都必须始终保持一个正确的方法步骤，以保证社工专业的科学性。

因此，社会工作者必须及时掌握工作方法，这是保证社会工作科学性的必要条件，也是对社会工作者的基本要求。

事实上，循序渐进的工作过程要求社会工作者采取有序的行动，不能任意而为，必须培养社会工作者具备专业的方法，只有在践行方法论的过程中才能实现理论模型。例如，在信息和资料收集阶段，关键是找出问题并进行评估，社会工作者可以从多方面收集并获得信息，确定导致问题的原因，进而设计出具体的干预方案。因此，在方法学中了解理论模型是必要的，这样才能在服务过程的各个阶段中保持一致。

根据方法论的过程来分析已有的服务比较容易，但是在实践中运用了哪个理论模型，对这一问题的识别和解释经常存在不确定性和困难。

在评估中，解决问题的“钥匙”可能隐藏在不同学科之中，例如社会学、心理学、政治学、行政管理学等，这就需要社会工作者根据现实情况优先选择使用。

社会工作者如果没有意识到概念模型因为理论假设的不同而含义不同，则会弱化服务效果，因为这一方面可能会导致社会工作者不自觉地跨越其他职业能力(社会—心理—健康)或其他领域(如政治学)，另一方面可能的官僚行政化会破坏这一专业，尤其是对这些概念方面。

社会工作实践模式的定义非常重要，这一定义具体而实用，社会工作者要在方法论运用的各实务阶段理解模式的内容，并根据实践情境的不同而补充具体内容。

模型和方法在社会工作者职业活动中相辅相成、不可分割，两者都是基础而必要的，任何一方都不足以单独使用。只适用理论模型而放弃方法论是不正确的，反之亦然。

方法在服务过程中保持相对稳定不变，而模型的选择需要符合社会工作的原则和专业价值，在实际服务中，往往受到各种因素的影响，这包括社会工作者服务的领域、社会工作者对案主所了解的基本信息，以及社会工作者在岗位上得到的持续培训机会。

我们需要反思的第一个问题是：社会工作者是否有机会掌握更多的模型，并根据现实需要和待解决问题的多样化来使用这些模型?

这一问题非常关键，要解决并非易事。通过以上分析，我们可以看出，不同的模型背后存在着截然不同的理论基础，这些理论基于对现实的不同解读，为我们的分析提供了截然不同的因果关系路径。例如，我们可以思考，受心理学启发所发展的模型和源于其他学科的模型在根本上是存在差异的。

显然，要掌握不同的思维模式和实践中的相关技术手段，困难重重，令人很困惑。另外，通过对模型的分析，我们也看到，有时难以对所获得的信息矩阵进行精确的切割，这是因为沟通和对照是科学中的特色元素。而且，科学思想并不总是注重差异，而是可以通过持续不断的积累，发展并行理论。

如果有良好的理论基础，并对应用技术进行了特定培训后，我们就可以考虑使用以上模型，只要各个模型之间互相兼容，并在充分考虑干预领域和解决问题的基础上做优先选择。

但是这种可能的选择不等于肤浅的折中主义，因为这对社会工作者的专业精神极为不利，选择必须始终清晰明确，既可以解释在特定的情境下采取某种模式的原因，也能够解释采取的模式与特定的情境、干预措施及其技术相一致。

我们必须强调，方法选择的过程要坚持理论模型，并不能牺牲社会工作者的个性和创造性，以及社会工作的专业性。与此相反，恰恰是在日常实践中持续而科学地运用这些参照系，可以促进知识的重新定义、澄清和理论化。此外，模型要持有灵活性以应对随时的变化，并怀有可获得性和开放性的态度，允许社会工作者将该特定模型的选择定义为工具要素，这一工具要素不是一成不变的，如果有新的理论贡献，或者服务的环境发生变化，使原来选择的模型应用岌岌可危，那么就不能墨守成规，而要抱有迎接改变的态度，时刻准备完善，将这些要素进行整合。

第三节　新模型的建立

在社会工作模式的历史发展中，已有人对系统理论进行研究，并不同程度地运用在实务中，作为理解实务的钥匙以及通过可能的社会干预来指导实务。我们应该对做出重大贡献的意大利学者观点进行详细分析，并得出他们各自观点的显著特点，包括戈登茨坦(Goldstein)的统一社会工作方法的建议；平卡斯(Pincus)和米纳汉(Minahan)的社会工作实践的综合模型；从生态学的角度，比如马卢乔(Maluccio)的研究、杰曼(Germain)和吉特曼(Gitterman)的存在主义模式(modello esistenziale)。

一、戈登茨坦

戈登茨坦从实践理论的总体思路出发，认为社会工作者要从日常实践及思考中更新知识，以更有效地开展工作实务。

戈登茨坦对当时的一些问题不满意，包括社会工作者与案主关系的强度以及专业关系的重要性，于是着手探索社会工作中新的干预措施。

起初，戈登茨坦聚焦于个体，从不同角度对个体进行界定(Dal Pra Ponticelli，1985：221)。他从现象学中寻求灵感，在角色理论、动机理论以及交流理论中获得启发，认为个体不仅是自己本身，而是相互作用的多重社会关系中的一员。在这方面，他认为(Dal Pra Ponticelli，1985a：221)：

> 这种新的观察和理解方式会直接影响实践，并为实践提供更广泛的可选方案，以能对任何个体—情境—问题进行干预。个体存在于更广泛的社会关系中，与社会环境无法分开，这使得我们能够与家人合作，特别是当我们试图解决的冲突实际上与复杂的家庭关系网紧密联系时。除此之外，我们还可以开展团体工作，致力于社区的发展和行动。

戈登茨坦认为社会工作者的角色类似教师。他认为目前缺乏全球视野下解决社会问题的理论，而社会工作应该有宏大系统的理论，意识到宏大系统的影响，并在这一框架下开展个体和家庭服务。

他在社会系统理论中找到了答案。他认为(Dal Pra Ponticelli，1985a：226－227)，把系统理论转化为社会工作实践中一系列原则的第一步，就是检验它对社会工作者核心任务的重要性。

社会工作者首先要有系统的概念，并能对系统了然于胸。而要做到这一点，依赖于他了解的治疗中包含的环境和要素范围。在治疗中，随着重要战略和目标的逐步明晰，他将可以扩大或缩小行动范围。

根据戈登茨坦的观点，社会系统的概念可以帮助社会工作者对必须处理的问题采取灵活方法，这有助于让社会工作者敏锐地感知某一特定系统的组成和系统均衡的快速变化，在把系统向有利方面引领的同时，尊重并使系统保持足够稳定以承受这种变化。

戈登茨坦认为，上面的这种解释可以帮助我们重新定义社会工作的作用和任务，打破传统方法之间的现有边界，强化问题解决过程中的方法，并重新定义援助的目标。不仅解决已暴露出来的问题，最重要的是，在助人自助的理念下，帮助案主提升解决问题的能力，发现案主系统的可能性，帮助案主开发解决特定问题所必需的技能，以应对以后生活中可能遇到的问题(Dal Pra Ponticelli，1985a：29)。

戈登茨坦提出，最后需要考虑的是，系统方法要求无论如何，专业人士都不要用一个术语来解释问题，而要反思社会、政治、经济等方面各种相互影响的复杂性，社区不仅是在地域或者政治意义上，而是作为有组织的社会，由不同的价值观、各种群体和社会机构组成，具有复杂性的特点(Dal Pra Ponticelli，1985a：230)。

二、平卡斯和米纳汉

平卡斯和米纳汉从反思社会工作的任务出发，认为社会工作要克服“社会工作者只采用单一方法，例如个案、团体和社区方法的模式”(Dal Pra Ponticelli，1985a：224)，而应该根据遇到问题的性质，从系统角度选取适当的类型和规模(Dal Pra Ponticelli，1985a：285)。

平卡斯和米纳汉指出，社会工作实务侧重于社会环境中人与系统之间的相互作用，认为在当代社会，由于过于官僚化和制度化，人们需要借助家庭外资源，而由于这些系统变得非常复杂，人们往往很难与其建立联系(Dal Pra Ponticelli，1985a：247－248)。

这个概念可以帮助我们澄清社会工作的目的，让我们从一个角度考虑和面对社会情况。

平卡斯和米纳汉特别指出，当治疗者关注家庭的重要性，注重关系和激活资源的同时，问题本身就会被弱化。问题不是个人的“属性”，而是他们所处社会要素之间相互作用的结果。最后，社会工作者关注的是个人问题和相关公共问题之间的关系。

平卡斯和米纳汉对社会工作者所扮演的系统角色进行了划分。他们认为，我们提到的“系统”一词，“由于人类行为和社会系统的功能复杂多样，期待理论能应用于所有的实践情况是不切实际的”（Dal Pra Ponticelli，1985a：269），社会工作者在将具体任务转化为社会工作的一般目的时，可以使用不同的理论方法，如心理动力学、行为主义等。

平卡斯和米纳汉不仅试图从系统的角度来影响社会工作方法，还提供了一种模式，这一模式允许在实务中逐步定义行为，在理论的启示下发展治疗内容和技术，并形成特定内容的通用方法类型。

三、马卢乔

早在1973年意大利赞加基金会举办的研讨会上，马卢乔就做出了他的贡献。他以批判的角度，认为社会工作在案件的处理方法上，需要运用“一个全新的，与以往截然不同的，在整个社会工作领域中行之有效的理论和方法论框架”（Maluccio，1973：42）。

他强调生态观，认为社会工作者要关注案主，甚至比案主本身更加关注他们自己。关注人与环境之间的相互作用，不断增加社会工作者职能的重要性，“正是因为社会变得日益复杂，所以社会和制度体系也要越来越专业化”（Maluccio，1973：50）。

为了更好地发挥社会工作功能，社会工作者不仅要运用心理学和精神病学等传统学科理论，还需要引入其他学科及理论，如生物学、社会变迁理论、信息论和控制论、社会系统理论等，并运用这些理论的新发展（Maluccio，1973：52－53）。

马卢乔总结了生态学的基本命题，提到了系统理论及其适用。他认为在开放系统中，各要素在相互作用和反馈中保持动态均衡，并分析了在社会诊断和评估时运用“生态隐喻”的意义。

马卢乔（1973：71）特别指出，在评估案主境况时必须考虑到需求和个人能力、环境最重要的特征及其相互关系、社区资源和不足、人与社会制度结构之间的冲突点。对案主的个体评估要结合案主社会状况，唯有如此，方能制订最有效的干预方案，不仅促进案主个体的发展，而且推进环境的变化。

因此，马卢乔的这个观点与我们这里所论述的内容非常接近。他认为，理论是“抽象”的，需要社会工作者根据实际情况验证理论的内容、实际影响及其作用。

四、杰曼和吉特曼

杰曼和吉特曼阐述的存在主义模式从生态学视角出发，特别强调生物与环境适应的概念。他们拒绝遗传、心理或环境决定论，认为适应是积极和富有创造性的过程，人类通过适应这一过程改变他们的环境条件，使外界环境符合其需要与渴求，反之亦然，人们积极改变自己，以适应环境的要求(Dal Pra Ponticelli，1985a：164)。

杰曼和吉特曼考虑到社会环境的因素，认为人类由多层组织中的个体组成，并“密切关注”影响社会工作的社会网络和官僚制组织(Dal Pra Ponticelli，1985a：170)。因此，人类行为会受到环境的挑战，也受制于社交网络系统中的两个、多个或所有成员之间关系的影响。

生命周期和危机的概念很重要，因为这些概念可以帮助我们理解为什么在生命的不同周期会存在不同的压力，并推动案主寻求社会工作者的服务与介入。

在这一视角下，他们重申了个案援助过程的重要性，强调社会工作者需要时刻关注外部环境的力量(社会和经济政策、人口趋势、技术发展和文化演变等)，这会对实践产生重大影响，并需要专业人士的努力，通过影响组织及环境，对无法满足人们需求的结果和现实进行改变(Dal Pra Ponticelli，1985a：186)。

简短总结一下，受系统概念的启发，我们希望找到一个直接或间接模型，当然这并不是我们首创的想法。我们完全赞同前面各位学者的研究成果，比如整体模式的推动；注重环境中(案主和机构)个体与个体、个体与环境的相互作用；生命周期和危机的概念。

我们在分析假设时，主要运用了系统理论和人类交际语用学、控制论等理论，同时家庭和学习组织的研究也丰富了我们的分析，但是没有一个既有分析模型能够完全回应我们的假设。

因此，我们现在的任务无论在具体呈现方式还是在应用路径方面，都与以往的工作有所区别，我们特别会考虑到社会工作者在工作之初所获得的工作经验不足，这往往会降低对环境的影响程度。此外，里德(1986)在他的非常有趣的《家庭治疗与社会工作》(*Terapia della famiglia e servizio sociale*)一文中，以更复杂的任务中心模型分析家庭。我们希望通过社会工作的角度，能找到理解实务的关键因素，指导行动。我们认为，系统一关系理论已经被应用在家庭治疗领域。

如果没有评估不同环境和功能的差异，就谈不上社会工作治疗的技术和策略。我们希望理论与社会工作实务之间能珠联璧合，以便社会工作者在运用方法的各个阶段都能得到有效支持。

第四节　系统模型的构建

正如我们前面所强调的，在构建模型的过程中，有必要初步评估相关理论是否符合社会工作的原则和价值，以及基本的职业态度是否能够在这些理论应用中得到支持或者强化。

社会工作的核心价值观是尊重个人的尊严和自由，对个体持有接纳和案主自决的态度，在这些方面要绝对保护案主。事实上，根据组织系统假设，社会工作者作为外部介入人员，是为系统提供新信息的一种工具，永远不会取代当事人，也不能刚性地使用模型，而应该致力于促进系统本身的重组，尊重事件本身的时空特点和目的。此外，社会工作者还应秉持中立的态度，客观地进行是非判断，在尊重任务和机构职责的同时，不要陷入思维定式，要考虑到案主所处的关系与情境。另外，我们特别强调平等原则，这也体现了社会工作的特殊性。

此外，还需要仔细研究每种情况，掌握个案的特殊性，避免程序化、官僚化的解决方案，要激发社会工作者的创造力和实践能力(Dal Pra Ponticelli，1987：74)。

因此，系统方法为服务主体及其关系提供了介入空间，增强了社会工作者发现实际需要的能力，而不是简单地回应案主提出的要求，或者更糟糕的是，根据所能提供的服务来选择问题。此外，干预项目不仅要考虑到现有资源，还要考虑到服务在特定系统中可能产生的影响。系统方法关注问题产生的背景和重要性，促进社会工作者全面运用个案和社区方法，认识到不同问题的原因和系统之间的相互作用，激发介入的不同服务提供方之间的整合和跨学科性。

理论可以增强我们改变的意愿，帮助我们深入了解来自宏观(社会、政治、文化、价值观等)和微观系统的信息，并通过对信息进行再加工后选择干预措施，使我们对不断变化的社会现实有更深入的了解。

通过上文的分析，系统关系观可能与社会工作的原则和价值观不符，但是往往会赋予社会工作介入者的权力。此外，在谈论方法论过程时，德·罗贝蒂斯(De Robertis，1981：59－65)定义了干预方法的基本概念，并对系统方法做出基本假设。

德·罗贝蒂斯认为，干预模式的关键要素之一是变革的概念，这是系统观点的基础。特别是瓦兹拉威克(Watzlawick)的两种类型的变革：第一种变革是在不深刻改变系统关系模式的前提下解决问题，维持现有的均衡；第二种变革是改变现状，让整个系统实现新的均衡(Watzlawick et al.，1974：87－100)。这种区分为社会工作介入提供了新的解释，并有助于避免问题的长期性。

矛盾的概念往往强调任何事物都有正反两面性，而这取决于看问题的角度，以及是否持有务实的态度，即是否能在系统的比较和反馈中审视事实。

关于相互依赖的概念，德·罗贝蒂斯认为在系统理论中，可以将个人看作一个开放的系统，或者更确切地说是更广泛的开放系统中的子系统，任何变化都是系统中的一部分，在系统的总原则下对个体系统进行修复。

最后，动态均衡的概念受到自律原则的启发。实际上，在开放的系统中，当内部和外部信息在交换时，都会不断承受压力，这种影响既可以加强平衡(稳态)，也可以推动系统转型。这两个过程互补，对于系统生命而言必不可少。在平等的原则下发展差别化与特殊化的态度，强调平等的最终实现并不与平等的态度相对应，反之亦然。

在实施方法论的过程中，我们需要对各个阶段进行细分，从逻辑上讲，这一过程应该是线性的，但是实际上并非必然如此，也会有循环因果关系的表达方式。

如果确实如此，那么为了进行评估，社会工作者首先必须收集信息，将评估的内容传达给案主，或者设计干预措施。即使是部分改变，系统也会将这些反馈解读为新的信息。

总之，我们可以在理论基础上尝试构建实践模型，既与社会工作的伦理哲学基础不冲突，又有利于在日常实践中充分实现职业愿景。

一、社会工作的适用性

我们现在将说明这些理论前提的可能性，概述出一条理性路径，随后详细分析后续步骤。

在系统视角下，首先需要反思的是社会工作者在一般社会背景下的位置与角色。事实上，我们不可能忽视日常工作，社会工作者在日常工作中所从事的工作应该来自法律的授权，在法律授权下承担社会角色的功能，而不是行政期望承担的职能。

在意大利，尽管社会工作这一职业存在多年，也有多项法律试图对社会工作进行立法，但是直到 1985 年才得到法律的正式承认。由于长时间缺乏明确的法律地位和身份，这为社会工作职业发展带来了负面影响。尽管如此，在我们提及的理论支持下，相信我们可以克服这种不利局面。事实上，认识到社会工作所能发挥作用的重要性，加上扎实的理论和实践准备，这都可以成为引发社会工作从内部开始变革的基本条件，有利于在未来的发展中克服既有限制。

此外，无论在宏观还是微观两个层面上，我们都要强调社会工作者始终关注整个环境的重要性。

德 · 罗贝蒂斯(1981)认为，社会工作者必须记住构成系统的要素，并不断更新这些要素，因为正是这些要素的加入，才使系统表现得更宏大。

我们需要特别关注社会工作提供一系列服务的复杂性，这常表现在分析关系、交流方式以及管理这些系统等方面。

目标清晰就可以防止功能失调，只是社会工作服务解决问题并非一蹴而就，而是有条不紊地解决问题。

社会工作模式的另一个核心是从社会工作者的角度准确地解读问题，反思如何正确地遵循方法论，这样可以有时间做系统的文案工作。

社会工作服务机构可以通过制定内部制度来限制、约束实务操作者，而且随着时间的推移，这些内部制度不断得到巩固，可能会使引入机构模式变得更加困难。社会工作者改变处理问题的方式也可能成为组织变革的动力。社会工作者接案的时候必须首先收集基本信息，理解案主处于什么样的环境之中(咨询、帮助、评估、控制)，分析各种类型的信息，即使案主没有按照约定的时间来寻求帮助，社会工作者也要处变不惊，不要陷入焦虑，也不要急于给出解决问题的答案。

瓦兹拉威克(1967：14)认为，环境分析的重要原则是尽可能扩大信息获取的范围，能够参考充分的信息。为此，不仅需要收集案主的信息(个人、团体或社区)，还需要收集重要背景信息(家庭、机构、地区等)，然后将这些信息与系统假设相联系，找寻因果逻辑。

在这些阶段，我们特别需要考虑如下问题的相关理论，这些内容的实用性很强，包括观察者的客观性、地域的概念，系统的复杂性和波动性，1 型和 2 型变化，整个服务系统治疗性质的理论。

在为案主服务期间，我们还要特别关注社会工作者与案主的关系。明确这一关系的定义非常重要，因为在第一次会见时就会遇到这个问题。事实上，在服务中，专业关系可能会随情境需要而有所延长。这种模式下，可以“阻止”对其干预，明确界定解决问题所涉及的各行业或服务的贡献和干预领域。

在评估结果时，社会工作者需要记住很多重要的概念，包括信息与反馈、稳定状态与变化、慢性或系统重构、案主系统交互服务、共同进化。因为这些概念不仅能够帮助评估最终结果，还可以审查整个过程，纠正任何错误。社会工作服务是建立在这些关系之上的，如果我们很好地理解了这些概念，就能提高工作效率。

第二章

系统的视角：概念界定、历史发展与新趋势

第一节　系统理论

在第一章，我们将“系统”和系统的一般理论作为我们要分析的创新要素，并定义了运用系统关系方法的基础。

系统的一般理论要追溯到冯·贝塔朗菲(von Bertalanffy，1956)，他创建了生长方程，尽管他的研究主要是在自然科学领域，但是他的研究启示了社会科学领域，激发了社会科学领域的相关研究。

有学者在1948年将这种方法定义为“控制论”，它是一门运用数学公式来研究机器、生命社会中控制和通信一般规律的科学(Galli，1982：81)。控制论的思想启发社会科学人士研究人类系统，尤其是社会学者开始用控制论的视角思考个体间的相互作用。

瓦兹拉威克等(1967：114)在《人际交往的语用学》中使用了霍尔(Hall)和费根(Fagen)对系统的经典定义，认为系统是“对象及其关系的总和与对象及其属性之间的关系”。对象是系统的组件或一部分，属性是对象和关系“保持在一起”的属性。

冯·贝塔朗菲(1956)认为，除了交互关系的概念，系统可定义为一组互相作用的元件。在他的假设中，系统的各元素之间相互依存，而且这种状况并非一成不变，系统可以改变，其关系也具有可逆性。

系统可以有两种类型：一是闭合系统，这个系统与外界环境之间没有交流，外界既无法进入该系统，内部要素也无法流出系统；二是开放系统，存在于外界环境之间的物质环境、能源、信息交流中，系统在内外交流的基础上会有所改变。

开放系统的概念对于活的生物体研究特别适用，生物体与环境的交换决定了该生物是否具有活力，在变化的环境中是否可以繁衍。我们可以将这个生物体作为一个系统，其组织原则源于信息的构成。信息的输入就是外界因素进入系统，而信息的输出就是内部要素离开系统。我们需要着重研究的是开放系统及其重要特征，因为这将对我们研究人际互动至关重要(Watzlawick et al.，1967：117－123)。

系统的整体与系统的各组成部分之间相互关联，任何一部分的变化都会引起所有其他部分和系统自身的改变。系统宛如一个不可分割的连贯整体，如果不对整体进行调控，构成系统的元素就无法单独变化。因此，系统并不等同于构成系统各个部分的总和，这让人们开始关注系统的复杂性。

冯·贝塔朗菲(1956：64)指出："不要孤立地研究处于系统的各组成部分和系统过程，而是要在组织系统和整体秩序中去探索具有决定性的问题。这是由系统的动态相互作用决定的，并且当我们在非常复杂的系统中研究时，就可以发现系统元素行为的差异，因为我们不能进行孤立的研究。"

由于每个系统实际上与其他系统的组成部分相依存，这样，我们的视野就无限广阔了，在这个意义上，我们不仅要考虑相互联系的有机整体，还要考虑一个综合的层次结构(Galli，1982：102)。

开放系统的典型特征是反馈，反馈发生在交互过程中，是循环性的基础。信息被发出之后，需要信息的接收者进行反馈。反馈的概念是控制论的基础，也是构建智能机器的基本要素，启发我们用新的方式来观察生物学、心理学、社会学和其他学科的系统交互功能。

任何反馈信息都可能有两种影响：一是达到并维持系统的稳定性(稳态)，系统因此没有改变的可能性，这对系统的发展而言是消极的；二是导致系统失去稳定性和平衡性，这种情况有利于系统的改变，因而是积极的。

由于系统不断地在内部和外部进行信息交换，在这个过程中，对不同信息进行比较，有的信息最终被吞没，有的信息则被精确处理，这样就能保持系统的稳定，抑或能促进系统变革。

转化和动态平衡是系统生命所必需的两个互补过程。我们可以将上述的过程称为系统调节，当系统调节无法发挥作用时，结果是：

- 系统变革，可能导致系统解体；
- 系统原有的平衡得到强化，进而失去灵活性，系统在不断重复中效率低下，缺乏连贯性。

应该指出的是，开放系统会向更复杂的组织层次发展，开放系统中的正向反馈不但不会导致组织混乱或破坏组织，反而会让组织在充分了解差异的基础上增进了解、相互学习，进而促进系统的发展演变。

人们也对系统中的负面反馈开展了大量研究，认为必须在系统内部平衡功能的控制和维持上把握负面反馈的概念，并充分考虑时间因素。这样，我们可以把稳态看作系统平稳状态下的一种趋势，在既定时间内某一时刻的状况很可能与下一刻的状态存在差异。这表明，在一个开放、循环并具有自我调节能力的系统中，系统在运行一定时间后会自我调整，系统所呈现的最终结果不是由系统的初始条件决定的，而是由系统运转过程中的性质决定的。

简言之，封闭系统中的初始条件往往决定最终结果，但在开放系统中却不然，即使最初的条件一致，最终的结果也很可能迥异，反之亦然。

第二节　人际交流定律

交流是人类社会生活中的基本内容，学者们从各个角度对其进行了研究。瓦兹拉威克、比文(Beavin)、D.杰克逊(D. Jackson，1967)发现了人际交流定律。他们同时认识到人类传播可分为三个部分：语法、语义和语用，三者中最重要的是语用。这三个概念是符号学的一部分，即研究人类交流中符号意义的科学。语法处理符号本身及其包含的语义，语用则分析语言符号与使用者之间的关系，在实践中对沟通行为的影响。因此，研究集中在信息发出者与接收者之间的关系上，通信是交流的媒介。

如果我们说“父母和孩子之间没有沟通”“那对夫妇不交流”“我们团队运转不灵，我们应该多沟通”，那么此时沟通是建立“亲密”“承诺”等关系的基础。

交流行为则更加复杂，对参与交流的个体而言，这是一个相互作用的过程。现在，我们将分析“人际交流定律”中的一些基本概念(Watzlawick et al.，1967：41－62)。

一、不交流是不可能的

人类行为具有一些固有特性，我们在这些固有特性的基础上假设：人们之间通过行为联结，在交互作用下，每个行为都是一种交流，因此不存在不相互交流的情况。即使彼此不讲话，相互孤立，这一行为本身也是一种交流方式，而并不表示他们之间“不交流”。

在某种特定的情境中，每个人的行为都代表着与他人交流的意愿。例如，在火车上或者在候车室中，人们通过看书来“隐藏”或“自我保护”，这种行为传递的信息是不想与他人建立某种关系。这在人类行为中非常明显，精神病学家鲁伊奇(Ruesch，1951：203)认为，在“社会系统”中，每个人、植物、动物会发出信息，当消息传递给接收者，并被接收者感知时，该消息就会改变接收者的信息，并进而改变他们的行为。

在沟通时经常提到的专业术语如下：

- 信息，信息沟通的单位；
- 交互，可以带来改变的一系列消息；
- 互动模式，高层次的交流方式，在相互作用过程中，如果我们观察到系统多次进行序列性重复，那么这一结果会成为互动模式。

二、每次交流都包含内容和关系两个方面

贝特森(Bateson，1972)指出，每一个神经细胞的信号发送都同时具有两个性质：一个是“报告”的性质，另一个是“命令”的性质。“命令”是大脑通过神经细胞指挥身体器官活动的“报告”，而“报告”则是大脑对所传达的各个命令的知晓和管理。我们可以用一个例子来阐明这个概念。假设我们使用计算器进行计算，我们必须按下与我们想要操作的数字(报告)相对应的键，而且还要按下与要执行的操作相对应的键(命令)。我们这里用数字来代表信息，但是现实生活中，信息的范围就更广泛，类型更多元。我们对关系可以从报告和命令两个方面理解信息，这是两个不同的逻辑层面，可称为元传播，或者叫元交流。关系的自发性越强、越健康，其关系层面就越退化，内容层面就越重要。

三、关系的本质取决于沟通顺序

这个定律表明，我们需要同时对所有行为进行分析。实际上，在一系

列行为中，每个行为都是对后面事件的刺激，同时也是对前一事件的反应或强化。可以说每个行为都受制于其他行为，同时也会引起新的行为。因此，由于某一行为的随意性，无法与其他行为步调一致，这就成为许多关系冲突的根源。例如，“你埋怨我，我就不愿和你沟通”“你不肯沟通，那我就埋怨你”，这会导致在沟通方式上存在问题，各自按照自己的逻辑无休止地重复下去。

四、语言交流及非语言交流

在人际交往中的沟通有两种可能性：第一种是对外界事物命名，赋予外界事物名称，在被命名的客观事物与词语之间建立关系；第二种是以某种方式来对外界事物进行表达。第一种为口头交流提供了可能，而第二种是非言语或肢体语言的交流。

语言交流会随着物种的进化而不断发展，我们认为如果信息量达到一定规模，客体之间就会交换信息，同时将知识在代际进行传播。我们可以进行非语言交流，如肢体语言、语速、声音的抑扬顿挫。人类的这些非语言交流方式与其他有机体一样，会随着沟通交流环境的不同而不同。我们可以通过图 2－1 比较这两种交流语言的一系列差异：

语言交流	非语言交流
• 传递信息，传达内容，传承文明	• 表达情感和关系（语言无法表达的）
• 根本上具有任意性	• 自然
• 可以说谎	• 很难说谎
• 具有高度的复杂性和抽象性（表达常用的语言：如果、那么、而不是）	• 缺乏逻辑性

图 2－1　语言交流和非语言交流之间的区别

这两种语言的共存是有问题的，因为非语言限定在一定的关系范围中，而这种关系是以语言所表达的信息（内容）为基础的。非语言交流也常常具有模糊性，缺乏指示与限定词。比如，就哭泣这一非语言行为而言，可以有喜极而泣、痛哭流涕或因愤怒而哭泣等多种可能，一个人可以是因为满足而微笑，也可能是轻蔑的微笑，抑或只是礼貌性的微笑。

在信息从发出者向接收者转换的过程中，人们对信息的解码异常困难，甚至可以说是一项艰巨、长期的任务，因为接收者不知道如何识别信息，不知道哪些信息是有意义的。

五、交流中的对称或互补取决于双方是平等还是有差异

交际行为同时具有内容和关系两个方面。就关系而言，这是消息固有的属性。至于两个方面是平等还是存在差异，可以有两种模式：当两者处于不平等状态时，他们之间的关系是互补的；如果其中一方主动行动，那么就处于支配地位，另一方则遵循此行动。

一种关系是双方相互适应或相互补充：一方占据首要位置，另一方居其次(如母婴关系)。在这种关系中，存在着对彼此差异的接受和欣赏。另一种关系是双方都同时处于平等的地位，他们之间的关系是对称的，他们每个人都有权采取行动，都可以批评对方、向对方提供建议等。例如，青少年试图让自己与父母平起平坐就是这种关系模式的典型情形。

交流中的双方通过他们行为传递的信息特征表达出平等性，而展示出来的性格特点往往独立于行为(力量、弱点、给予、接受)。

明白了上述内容，我们就知道在双方关系中，不可能假设只有一方来决定他们之间关系的性质，而另一方只能接受。正如我们前面提到的循环概念，这就是说，如果没有追随者，那就不可能有领导者。

另一个需要考虑的因素是交流双方各自“力量”的强弱，力量强的一方在相互关系中居于上方，而弱势者则居于下方。但有时候“弱势”一方可以成为界定关系的关键因素，因为另一方需要“被迫”保护它。

第三节　环境中的沟通关系

黑利(Haley，1963：66)提出的交互式沟通方案如图 2－2 所示：

我	（信息发出者）
我正在说	（信息中包括内容和关系）
对你	（信息的接收者）
在这种情境中	（背景）

图 2-2 交互式沟通

沿着这种交流轨迹，沟通者之间的交流结构形成了一种关系模式。当这些交流或者事件不断重复，趋于稳定，就成为典型的系统结构图或模型。

由于每次交流都发生在一定背景下，都有特定的情境，如果我们能很好地理解沟通的环境，就可以更好地理解"关系类型"，更好地理解它们建立的关系和消息交换的"内容"。

我们可能觉得沟通的情境显而易见，解读情境很容易，但是事实上并不是所有人都有解读的能力，也不是每个人都会正确解读。例如，就如下情境，你是否能很容易地进行识别：剧场中正在上演一场演出，台上演员忘我而投入的表演会让人忘记这是小说中的一个风景如画的场景，而演出中台下观众的掌声是给这场表演的，也似乎是给演员的，但现实中的掌声提醒我们情境迥然不同。

现在假设背景明晰，让我们来处理其中信息交换的性质。我们知道，每个沟通都建立在两个层面上：内容层面和关系层面。在知道彼此之间是什么关系之前，内容层面信息的意义不大，因为我们不知道如何定义双方的关系。交流中的分歧可以从内容和关系两个层面表现出来。然而，显而易见，这两者是相互依赖的。同时，在内容上，我们可以通过核实以确认其真实性，而对于关系层面的分歧，则有必要从确定了冲突的原因出发，进行元交流。

每个信息都同时在内容和关系层面上接收答案。我们根据沟通结构，分为下面三种情况：

（1）公开拒绝沟通。有时我们会遇到一些与社会规则相冲突的问题。比如，在谈话过程中，人们由于不想继续沟通，于是出现令人尴尬的沉默，事实上这是温和地表达"不想沟通"，这表明既拒绝内容，也拒绝建立关系。

（2）接受沟通。愿意接受沟通，也意味着愿意建立关系。这当然也会存在一些问题，如果沟通中的一方设置限制，则很可能对其他沟通者带来过度干涉。因此这些限制可能会破坏相互关系，有必要就报告本身以及在此之前遵守的规则进行沟通。

（3）沟通失效。瓦兹拉威克等(1971：68)把沟通失效定义为与他人的沟通尝试失败，如在沟通中的逻辑矛盾、自说自话，表达不连贯、不完整、模糊不清导致误解等。沟通失效可能发生在背景、关系或内容三个层面。显而易见，对沟通最大的破坏性往往体现在信息的接收者上。沟通失效者会退出沟通，因此，极有可能沟通由一方的退出转换为双方的沟通失败。实际影响是不得不放弃双方的关系。

第四节　共同的交流障碍

沟通行为不仅让个体与他人建立联结，而且也是个体与自己、世界建立关系的工具。在有些情境中，即使手势等非语言交流微不足道，但是我们也不能忽略。例如，当新生儿咿咿呀呀，当酒鬼或者精神病人表达的句子断断续续时，这些情境下的语言表达非常模糊，让人无法理解，但我们还是希望能够对他们的表达进行“解码”，试图与他们的沟通建立“联系”，了解他们表达的意思。

除非沟通无法进行(比如，“他不会说话”“他不懂我们的语言”“他喝醉了”“他有病”)，通常情境下沟通是由意向性支撑的，或多或少归因于沟通双方是否愿意继续沟通，都要对交流负有一定责任。

显然，沟通失效、沟通内容或沟通关系(含义不同)并不是信息的特征，而是对信息进行回应—判断。如果发生下列情况，就意味着沟通没有达到目的：沟通双方彼此接近，不断地对信息进行澄清，在交流的过程中摆脱各种混淆因素。信息沟通没有达到其目的有多种可能性：

（1）每个信息都发生在某种环境与关系中，并在这个环境内部进行交换，具有双重功能，在对以前信息进行回应的同时，开启一个新的刺激。

（2）在每个信息中，我们都会将以前所有的信息融合在一起进行处理。信息就这样在发出之后被接收者“压缩精简”，信息对接收者的影响是将处理过的信息再反馈出去。因此，信息不断地被反馈给接收者，接收者也不断地衡量交流过程中接收信息的正确性。

（3）沟通（通过提供一系列信息）是一个过程，如果双方的关系不存在问题，在这个过程中双方才能不断就沟通内容进行“微调”。这种调整可以通过一些短语来实现，诸如“你没给我解释清楚”，或者更简单的方式是“你没听懂”。

（4）我们都有的经验是，每个信息最终都有各种可能性，可能被接收、被拒绝，也可能不被确认。对关系和信息内容产生误解，这是双方都不愿意看到的，尽管在最平和的情况下，也可能转化为“卡夫卡式”的噩梦。因此，混淆、误解、模棱两可，以致信息发出者的信息与接收者收到的信息大相径庭也不足为奇。可以说，即使在信息非常翔实、不言而喻的情况下，也可能存在一些干扰。

现在，我们排除沟通故意带来混淆的情况，也排除由矛盾信息引起的被曲解的情况，从典型的地区或亚文化的角度来处理这个悖论。在信息结构中，悖论中固有混淆的因素，即使过程毫无错误，但是推论出来的结果却可能明显不合逻辑。

瓦兹拉威克等（1967：185－187）认为，悖论是“从连贯而正确的前提中推导出矛盾的结果”，并确定了三种不同类型的悖论：

（1）数学逻辑悖论（矛盾）；

（2）矛盾的判断（语义矛盾）；

（3）语用悖论（矛盾的禁令和荒谬的预言）。

我们将在关系含义中对上述悖论的类型进行分析。

一、数学逻辑悖论

悖论的出现是因为人们要面对各种困境，必须对各种情况进行分类。例如，在创造积极、公正、良好社会现象的同时，自然而然地要区分出与之相对的消极、偏私、恶劣的现象。

如果我们不是为了积极正面的原因进行分类，而是为了消极负面的原因分类，就可能使分类系统处于危机之中，反之亦然。

黑利(1963：253)列举了一个悖论的案例。如一个女孩，她决定不像以前一样那样霸道强势，而要更加温顺，她越温柔越顺从，在她谦虚的行为下，其他人就会越认为有必要照顾她，这样她通过迫使他人照顾她而支配他人。

正如罗素(Russell)用逻辑类型理论揭示的一样，这种矛盾由分层级别中的混淆引起，即人们没弄清楚处于不同层级、阶级的成员之间的差异。①

二、矛盾的判断

当我们说“我在说谎”时，会产生明显的自相矛盾，这是一个悖论。事实上，当我说“我在说谎”时，我说的是谎言或事实，是不是就能断言只有在错误的情况下事实才是正确的？

我们还可以在“下面这句话是假的，前面这句话是真的”，或者在波普尔(Popper，1945)的名言中找到：

- 因此，我们应该以宽容的名义要求享有对不容忍者不容忍的权利；
- 我不可能捍卫我的原则而不违背我的原则。

从古希腊人到莎士比亚，再到皮兰德娄(Pirandello)，几乎所有伟大的诗人、作家、哲学家或数学家对这种特殊的传播方式都产生了兴趣。

众所周知，这些表述中含有不合逻辑的内容，但是你无法证明。在句子构建伊始，人们就很好地使用了这种悖论，产生了伪装逻辑层次的效果。陷进不容易辨认的事实，使得逻辑的运用引人入胜，因为它挑战了思想的一致性和稳定性。

三、语用悖论

语用悖论从另外两种形式发展而来，是对关系的解读。最常见的是禁

---

① 称为罗素悖论。

令，是一种自发性行为的命令。接收到“自发”性消息的一方，如果不失去自发性，就无法服从。从轻微的烦恼到悲惨的关系陷阱，取决于需要表达内容的重要性。

下面这些例子中的关系是站不住脚的：“如果我值得他们爱的话，我应该爱他们更多”；“你应该主动来，对我言语友善”；“我应该更快乐，我没有理由不快乐”；“我应该多去……拜访他们，去学习……离开家乡”；“我不能再为这件事而痛苦”。矛盾的禁令不一定是针对某个人的，也可以针对发出信息的主体，而他自己可能都没有意识到。

那些失眠或性功能障碍患者往往会发现自己处在听凭自己意志的情境中，这正是我们分析的。共同建构关系的一种影响，在这个关系中，信息的发出者和接收者以及信息的传播方式都逐渐被排除。这就好像互动关系中的合作伙伴及时建立了“必须”沟通的“防洪堤”。当然，“堤岸”也有可能会从另一边“破裂”，但是大家都在努力避免这样，因为每个人都被看作其他人行为的反馈。

另一种类型的语用悖论可以发生在荒谬的语言、感受与行为上（Watzlawick，1957）。

认知

一个人的世界观，以及对重要他人的认知很重要，不恰当的看法可能会因此受到挫伤、责备，甚至失败。比如，在“你状态不好，看上去筋疲力尽，你不再是你……”这一情境下，与其他人的关系可能：

- 行为人不太确定其所见，希望清楚地知道对方所处境遇，到底发生了什么。
- 他越努力了解看不到的东西，就会越因为没有找到别人发现的意思感到沮丧，其他人则说：“这进一步证明你不是很好，所以你开始寻找所有人都看到的东西。”研究证实了这一诊断，这在精神科领域可能是偏执型精神分裂症。

感受

如果某一重要人物表达了他对另一个人的实际感受，而这与他所希望的感觉不同，而当无法达到对方期望，或者得不到对方准许的时候，就会感到内疚。例如，当看到孩子悲伤、失望与疲倦时，父母就会将之解读为对失败的无声指责，并这样评论："我们已经为你做牛做马，你怎么还是不开心？"

这样，情感中自然流露出的"悲伤"就会伴随着恶意或忘恩负义。他单独个体的行为被证明是无效的尝试，与他的背景和他自己创造的关系相分离，可以定义为抑郁症。因此，我们可以说，某人感到要为他无法控制的事物负责。

行为

当一个人接到他人的命令，而这个人对他来说非常重要，同时被要求并禁止某些行为时，就会出现自相矛盾的情况。这种情况出现的原因是主体只能服从或违背。父母可能这样对儿子说："照我说的去做，而不是照我希望你那样的去做。"这是模棱两可的。可能的结果是，"脱离情境"的行为很可能让人抓狂。

将各种不同类型的实用悖论统一起来整理分析，我们发现处于这种状况的人无法摆脱这种情况，此时的当事人被困在矛盾中。如果第一个信息的接收者不能用创造性的行为来破解这一困境并升级，那么他可能总是会得到同样自相矛盾的答案。一旦沟通中一直呈现这些特征，由于过程中的循环性，询问谁启动它是没有用的，因为答案可能无解。

在病理学中，如果遇到严重的精神疾病，如三代人均患精神分裂症的情况(D.D. Jackson and Bowen，1960)，那么一个人的功能障碍与其家庭遗传背景相关，当面对疾病等"强大的"信息时，难以从内部打破助长功能障碍的病态博弈。

这种悖论可能对病理产生影响，在指出其影响时，我们假定这种交流方式通常是发生在重要他人之间的。贝特森(1972：29)将之称为双重束缚[①]。事实上，这种自相矛盾的交流方式具有更多特征(Watzlawick et al.，1967)。

(1) 两个或两个以上关系亲密的人之间，这种关系对每个人的身心都

① 双重束缚(Double Bind Theory)，是由英国心理学家葛雷格里 · 贝特森提出的关于精神分裂症病因的理论，是指一个人同时在交流的不同层面向另一个人发出互相抵触的信息，对方必须做出反应，但不论他如何反应，都会得到拒绝或否认，因此陷入两难的境地，精神分裂症状就是这种痛苦的表达。如果一位母亲嘴上对自己的宝宝说"我爱你"，同时却扭过头不理孩子，这时孩子就受到了"双重束缚"。来源于 https：//baike.baidu.com/item/双重束缚/4150043。(译者注)

具有重要意义。较为典型的情况是母子之间的互动，或者爱情、友谊关系，经济不独立者与供养人的依赖关系，或者信仰同一宗教、持同一政治观念的人之间等。

（2）在这种情况下，信息的发送者根据他的思维模式、分类模式或意义归属模式向接收者发出他认为正确、恰当的信息。这些消息包含肯定的内容，同时也包含对以前的肯定。然而这两个陈述之间相互排斥，这使得信息的接收者无所适从。

（3）在互相建构的关系中，信息接收者无法摆脱信息的束缚，不能对其表达自己的想法，或者要求对方进一步澄清。互相矛盾的行为是由于这一要求引起的“混乱”行为。

这些信息可能在很大程度上不一致，并且对整个系统具有非常不同的、相互矛盾的影响。我们对这一矛盾的信息进行思考时，要知道，这一双重束缚的概念最初是在分析精神分裂症的时候被发现的。

人们对贝特森这一理论的发现好评如潮，贝特森则认为这是“希腊人的礼物”[①]，因为他把注意力放在特定的问题上，而不是关注研究过程和方法。实际上，双重束缚是演绎过程的结果，这个过程采用了全新的、不同的视角和调查方法。这种方法认真分析了引起交流复杂性的关系和相互作用的背景，以及不可避免地建立不同逻辑层次的重要性。贝特森（1972）指出，情境是“意义的矩阵”，如果不了解上下文，你可能收获甚少，甚至什么都看不懂，你也不知道所观察到的行为是“假装的游戏，真正的威胁或者其他”。从来没有一个统一的语境，因为语境不是别的，在根本上是精神的范畴，所以要深刻理解交流的前后语境。同样，从来没有单一的信息，而都是层次各异的信息，这些信息有不同的信息通道，而观察者任意选取并解读。

综上所述，当我们审视很多社会和心理情境，并试图对这些情境进行概念化的时候，我们所使用的不仅是双重束缚的概念。事实上，这可能会不由自主地涉及更多的人，他们一起参与到游戏的构建和维护中，并在游戏中淋漓尽致地发挥，使游戏本身就成为制定规则的玩家的“主人”。

① 指危险的，带有阴险目的的礼物。（译者注）

第五节　理论的演变

在系统理论发展的早期，基于系统调查与研究，人们试图从关系上重新定义古典精神病学的基本术语，从关系的视角来重新定义症状、诊断与治疗。

在当时，症状不再被视为个人功能障碍的表现，而是作为整个人际关系网络的信息；诊断不再归因于单独个体的病理因素，而是将个体纳入一个群体之中进行观察；治疗干预不是基于对心理过程的分析，而是基于对整个家庭成员交互模型的观察；提出问题并改善不良环境，而不仅是从个体动力学方面看待个体的问题(Fruggeri，1998：76)。

近年来，系统观念发生了很大变化，这反映了理论和实际的发展，也反映了人们对系统观念的反思，这也正是人类认识的自然演变过程。首先，以建构主义来挑战系统的“客观”存在，注重观察者的地位和组织功能。其次，根据复杂性理论，在反思中驳斥我们所定义的现实观点，从优先权的视角出发，并限定在单一层面的描述。然后，社会建构主义将之归因于语言的根本重要性，排除了统一、合成与超级组成的观点。最后，现实本身(所谓的现实)是一个协议的结果，一个任意的语言共同建设。

我们在认识的过程中，必然要受到认识论中的预设前提和理论偏见的影响，故在干预过程中，会将自己的想法带入指导方针中。观察者应该意识到这一限制下，一方面其观点很可能会有所偏颇，不可能绝对正确，另一方面这有助于避免陷入含糊不清的境地。

根据贝特森(1972：165)的观点，交流背景是意思的矩阵，如果没有上下文，我们什么都无法理解，而观察到的行为如果没被分类，是毫无意义的，为了反思这个词的意思，需要进行系统的研究。

系统这个概念没有客观性权利要求，一直被认为指从参与者的观察角度出发，与特定位置下观察到的对象有关。系统这个概念的最初含义，我们可以简单理解成“围绕着什么”。通过这种方式，了解物体与其周围环境的区别：个体与个体之间的身份是独立于这种关系的，个体、事件和有机体总是与其背景分离的，即个体都有其自主的地位，其身份和周围环境无关，独立于周围环境(Bianciardi，1998：32)。

《意大利语言大辞典》对“系统”这一词的解释可以帮助我们从上下文意义理解这个术语。它的解释是“联合，紧密连接在一起，连接，焊接；不仅是什么，而且是与什么在一起”。

从这个意义上说，人们不把系统视为内部要素能够动态互动的静态容器，而是一个能够获得亲密关系并且活力满满的体系。“感觉”和“运动的导向”来自主体的意义系统，这个系统的元素之间相互交流，并从上下文中获得有助于构建其心理表征的元素。这种交织或多或少决定了个体或群体行为的内在理论，也决定了新语境的形成。

因此我们可以假设，在语境和行为之间建立一种复杂而清晰的关系，不是类似画/画框的关系，而更类似于羊毛线和地毯之间的关系(羊毛线是地毯的一部分)。

从控制论角度来看，情境具有整体的特征。然而，各个部分之间相互交错、彼此交织，像是层层覆盖的瓦片一样，在持续不断的辩证过程中产生，在不同的平面分布并发展(Bianciardi，1998：33)。

“共同编织”这个概念是和上下文结合在一起的，不能不顾语境而断章取义地被单独拎出来，也不能不考虑观察者所持有的认识论前提如何。可以说，上下文与部分的关系如同羊毛线与地毯一样，类型相同、层次各异、图案复杂。每个事件如同一根羊毛线，而地毯是所有羊毛线以一定方式(以特别的形式)交织在一起形成的结果，我们希望给生活增加一些内容(地毯)，但是由于现实的复杂性，已经完全转变成了其他东西(本质上只剩下羊毛线)。准确地说，为了更好地说明复杂程度，我们应该补充一点，我们(观察者、羊毛线)只能看到我们自己的某些方面/部分及周遭的狭小范围，甚至是交织在一起的更小部分，这些把我们交织在一起，最后我们也只是对地毯的大小、尺寸(复杂的现实)做出推论。因此，推论是非常随意的，我们需要理解我们被编织(毛线)的意义。

因此，语境是不可想象的，本身是独立的。“它具有整体的特征，是在其不同的层面上发展起来的整体，彼此交织、生机勃勃，其组成部分是以自身的组织和经验自治为特征的。”(Bianciardi，1998)

事实上，从来没有发生过跳出系统之外的单独个体情况，不存在没有语境的单独个体。当个人以观察者自居，选择研究方向时，这个研究源于对整体不能控制的需要和极限：为了避免在复杂性中迷失方向。这种行动显然涉及观察者心理地图中现实的一部分，可能捕获了一部分的内容。

贝特森认为，当我们说“猫”这个词没有头发也没有划痕的时候，是在概念的层面。真实的“猫”，语言中的“猫”，以及在我们脑海中的“猫”，这是三个不同的逻辑层次。而使用者眼中，不同语言水平的复杂性，以及他们蕴含的情感，都表现在关系中。使用者生活中的事实，就像他们与社会工作者关系一样，属于三个不同的层次。

生活的事实。“意识是一种生物学的现象……我们人类存在于语言之中，所发生的一切，都发生在我们之中，作为我们经历的一部分。”(Maturana，1990)科学解释不需要客观假设，因为它们不能解释客观、独立的现实。科学可以解释观察者所经历的生活，并通过观察者在其实践中构建的生活惯性来进一步验证。关于实践生活的任何反思或评论都可能成为一种解释，并对实际发生的事情进行科学构建。因此，(观察者)实现存在的领域与真理领域之间存在差异。“如果事实不是孤立存在，而是存在于一定情境之中，而且一般情况下情境都是被假设的，那么有必要解释事实为什么总是需要被解释。我们面对的事实从来都不是纯粹的事实，而是与事件感受相关的事实。”(Natoli，1997：39)

语言。近年来，各学派对系统理论进行反思，从认识语用学开始，有学者简单地把语言理解为行为的一个方面。“口头语言成为描述这个世界和社会生活的工具，语言也成为社会秩序和事件流的记录矩阵，没有语言就不可能记录经验，那么，在这个意义上，语言也就成为‘现实’的创造者。现实则借助语言成为可以想象的语言现实，而系统则成为意义系统。”(Bianciardi，1997：8)“我们只知道外在的一面，即与我们相对的一面。而我们自身的内在方面，就像月亮的背面一样不被人知。”(Vygotsky，1934：13)词语指示的不仅是某一单个物体，还是一类事物的总体。所以，每个词语所代表的都是对一类隐藏事物的概括(泛化)。概括(泛化)这个行为意义非凡，因为其所反映的现实绝对不同于我们所感知到的，也不同于我们稍纵即逝的看法。每个想法，事实上都是这个想法与所代表的现实情感关系之间的一种调和。维特根斯坦(Wittgenstein，1992)确立了“事实的逻辑图像就是思想”和“命题的总体即是语言”的论断，他的结论是“语言掩盖了思想”，因为“通常在语言中，同一个词的设计方式可以截然不同，它属于不同的符号，这两个设计不同的词可以有相同的内涵”。因此，很容易产生最基本的混淆。为了分析多元的语言世界，人们放弃了科学通用语言的概念，不管其用途如何，这种多样性使得很难在词语的含

义和代表它的一般概念之间建立联系。

观察者。在认知理论框架下，知识被定义为智力建构过程，其中“理论、制度、类别、关系网图”发挥了构造功能；不同的结构源于“信息的选择”，或者源于信息之间不同的联结方式(Fruggeri，1990：249)。我们感觉对方所说的话与对方的心灵息息相通，是思维模式的成果，随着时间的推移，观察者构建的分类和意义归属模型。即使是最细心的观察者也不能脱离预先判断。每个字都带有偏见的色彩，或者更好一点的情况，像是一张卡片，卡片上有马赛克的地方就像是我们对这个世界未知的体验(Cecchin，1997：28)。从这些前提中我们得到的启示是，每个人都对精神世界、与他人的关系世界感到好奇。我们会试着了解如何建立这些关系，暂停判断它的意义系统可能是因为好奇心。从这个角度而言，这是一次迷人的探险，你发现并不一定赞同你看到的所有现象。

第六节　总结性反思

最后，我们对本章略做概括。

要理解上述原则，关键在于分析处理病理性行为或问题行为的多样化。我们对问题的解释不再局限于过去和/或个人所属的环境，而是可以随着时间的推移，从构建这一制度的组织模式中进行解读。

我们看到，在生命系统中，组织原则由信息构成。起初，系统的输入是随机的，在此基础上，系统通过输入和输出信息之间的各种可能组合来获得稳定与平衡。

我们已经确定了其中的规律性，并构建了复杂模型。否则，每一个行为都是随机的，并有相同的成功机会。

因此，寻找是徒劳无用的，因为无论在规模或者质量上，这都不是简单不变或静止不动的，而是变量之间相互作用的模型问题，这些模型允许构建地图，解释该特定系统的组织结构。

有趣的是，这个地图构建的过程也伴随着对人类需要的深刻回应。在人类早期，科学没有充分发展之前，多用泛神论、魔幻、幻想、传说与神话解释这一过程。

每个新的信息都与现有的地图相联结，都可能对现有系统进行修改、补充、完善，和/或推翻旧系统并重建新系统。

在科学发展的过程中，地图的构建必须与参照组的有效模型相一致（Maturana，1990）。因此不存在领域、客体、对象，而只存在地图、符号、关系与差异。一个系统取决于它的发展轨迹，这个轨迹是自我反省的过程：有的人追踪他所看到的，而有的人看到他所追踪的（Fruggeri，1984：32）。总之，地图不是指一个地域，名称也不是指特定的东西。

交流　（语言的功能，同时也是表达的手段、维系社会关系的手段）

互动　（人—环境；人—人）

单个人的交互结构中：
- 思想方案
- 分类模型
- 意义归属模型

相互作用构成一个

→ **系统**

关系由具有特定属性的部分或对象组成，这包括：
- 个人是（其中的）一部分
- 行为是区分个人的属性
- 个人之间的关系共同组成系统

一个系统结构演变的要素

→ **时间**

这总是伴随着

规则

事件不断发展，动态的规则被我们称为

动态平衡

不断进行校准，系统调整并找到平衡点，为了保持这一点，必须尊重

规则

这些管理和修改，当系统的波动被放大到一个点，它导致系统本身重新组织自己到一个不同层次的过程（单个主体不知道规则，而整个系统虽然不了解规则，但是有其他逻辑）

复杂性

源于各元素和环境之间的关系定位在不同的逻辑层面，具有不可比性。

→ 一种形式是**语言**

观察者，另一方面是作为选择结果的意义等级，随意地（当时和过去）以及观察者随着时间的推移而与自己和世界建立的关系。个人的思维模式与个人所处的组织结构之间存在一种持续的交换，一种真正的循环关系。这种交流很“重要”，将事实和解读联系在一起。

图 2－3　总结方案

在这个建构的过程中，我们一定要使用语言。语言不仅是关系的载体，也是表达定义、对沟通规则进行分析和评论的工具。由于后者在使用语言过程中运用了内容交换，所以这种语言比其他方式具有更高的逻辑性，可以称为“元通信”，因为它是对交流沟通本身的交流。沟通者是否完全明白交流的规则本身并不重要(比如，小孩子在学说话的时候并不知道语法和句法)，更重要的是有清晰的规则，同时这些规则本身符合规范并被赋予意义。

元通信是能对其他信息进行解释的信息，如果我们混淆了信息本身与元信息，就可能构成严重的沟通障碍。

在图 2-3 中，我们汇总了各概念并展示了沟通过程。

第三章

作为系统的服务

第一节　对组织的分析

社会工作者的服务介入被定义为“专业人员在有组织的服务系统(主要是公共性质的服务)中实施的助人过程”(Dal Pra Ponticelli，1987：19)。

为了最大限度实现这一目标，社会工作者就必须了解案主的情况，深入分析案主所处的环境。

在本章中，我们将运用系统性视角探析组织特征与组织过程。

组织的传统定义是通过分工、功能、权力及责任等级来协调一定数量的人的活动，以达到共同目标(Buscaglioni，1976：13)。这一概念被视为典型的封闭系统的概念，新的概念出现并取代了这一概念。在新的概念中，组织被视为开放系统，由相互依存的元素组成，这个系统与动态的环境之间不断进行信息交换，组织系统必须不断适应动态环境。

这两个定义都注重组织目标，并强调为实现这一目标而奋发图强，但是第一个概念强调的是为了实现某一明确目标，第二个目标则强调要与环境相适应。

传统理论和系统理论为组织研究提供了两种不同方法：

(1) 功能方法。传统的功能模式下，组织被视为严密的系统，这个系统可以被细分为不同部门，这些部门功能不同，彼此配合、目标一致，就像人体系统一样，各系统分工协作并具有合作的基础。

(2) 结构方法。新的结构化模式是一种整体社会模式，这一系统目标不是单一的，而是有不同的组成部分，这些部分往往在努力实现自己的目标。

因此，在组织中我们强调各组成部分的差异，尊重冲突这一因素，而平衡的概念则成为组织发展的根本。没有一个组织是完全封闭的系统，组织都要与建立它的社会环境相互作用，观察者在封闭系统中无法与其他系统接触。系统越趋于封闭，就越僵化，无法进行自我更新，在组织所设想的结构中固化。在这种情况下，最明显的不足就是，各部分之间缺乏相互协调，管理中各子结构按照既定标准运转，于是系统渐趋官僚化。

此外，组织转型的结果既可能是积极的，也可能是消极的，也可能兼而有之，还可能有更多的结果。在某些情况下，消极的结果可能是组织转型的副产品，有时这是不可避免的，但是显然消极结果不包括在组织的目标之中(Anfossi，1978：2－4)。根据传统分析，消极结果被视为阻碍或拖累组织目标实现的因素。

而根据系统的解读，问题可能更复杂，因为组织目标和子系统的目标可能不同，如何确定并实现这些目标非常艰难。由于目标必须与系统随着时间发展的规则和方法相联系，所以我们在分析的时候很容易简单地把这些差异的原因归结为所谓的权力斗争。

更进一步的问题可能是，由于每个系统或子系统都形成了自己的交流模式，一种语言—行为模式。如果信息发送系统认为信息的接收者也使用与自己同样的语言收发信息，那么信息接收者自然可以轻松地对信息进行解码。但是，如果并非如此，信息发送者就会将信息接收失败归因于接收者的态度，认为他故意作对，或者不守信用。

此外，对模糊信息的反馈很容易产生歧义，并引发恶性循环。用自己已有的沟通模式会使交流越来越困难，因为不论是信息发送者还是接收者，都认为所使用的语言是对方可以理解的：

在进行组织分析时，如果我们将工作人员提供的服务定义为一个系统，将系统和服务子系统分解为各个部分，显然，这种细分都具有实用功能，而且是不受约束的，因为它依赖于：

- 从分析的内容与对象出发，建立起整体分析与部分(子系统)分析；
- 从进行分析的观察点开始。

由于观察者所处层级位置与角色不同，组织结构的功能可能有所改变。因为接收信息的可能性及其含义与这些信息的数量、质量紧密相关。此外，我们也不应该忘记，分析必须考虑到观察客体所在的更高的逻辑级别。

即使观察者不是被观察系统的一部分(他并非该组织成员)，也不能被视为组织外部的，因为他参与到了被观察组织中，与被观察对象一起创造新的现实(观察者超级系统)。

由于分析者不能把自己置于与观察者、观察对象、观察行为本身等距离的一个点上，分析者进行的每个分析都带有主观色彩，因此可以被定义为符号。

事实上，为进行分析，我们需要：

- 对复杂的整体进行抽丝剥茧，提炼某些特征；
- 赋予其一定的意义；
- 分解并根据有效的模型联结各部分。

由于思维不能只以简单的概念和线性方式进行，而组织是一个由循环相连的部分组成的复杂系统，因此，这是对现实的一种“处理”。

因此，分析这一行为本身与分析者个人因素密切相关，是分析者对“现实分解”后的一系列个人观点，这受制于功能性技术限制，真相只不过是分析者在观察和思考后希望你看到的现实。

每种类型的调查都是如此，而当分析者是观察对象的一部分时，这一点尤其重要，因为只有我们意识到这一点才可以避免认识论上的错误。

首先，要相信被观察的系统是现实的：“地图并非领土”；“每张地图都有自己的规则，需要指明领土规则之间的差异”；“当现实和组织之间混淆，而我们又希望去试图了解这一混淆的时候，就产生了认识论的问题”（Castellucci et al.，1984：15－28）。我们在对观察到的现实进行描述时，因为我们各自观察到的情况、观察行为、观察的方式与时间之间存在差异，所以会导致我们描述的现实与观察到的现实之间存在差异。

第二个错误，这是第一个错误的结果，在于没有考虑到系统不是静态的，而是动态的，系统各部分之间不仅可以相互作用，而且可以随着时间而重叠。

因此，观察者从来不会说出什么是真实的现实，对他而言，参与者不是中立的，而是参与到分析中，或者说虽然观察者并未将自己放在中心位置，却会以这种形式来揭示相同的问题。从分析者的角度，在特定时刻观察到的现实、撰写出来的分析报告是真实的。

故每种分析都是局部的，都受到一定限制，但是这并不意味着分析毫无用处。相反，我们需要知道每个受限制的分析都会在最终影响结论，分析得越多就越接近真实。因此，我们将讨论以下内容。

一、示范性思考

我们不可能对社会工作者介入的每个服务领域进行深入详细的分析，

我们以社会卫生领域为例，分析社会工作在为该领域提供基本服务时的共性因素。

通常，社会工作者得到法律授权，按照法律规定，在社会服务机构中工作，帮助需要的个人与群体。我们已经分析了从业固有的双重委托和双重束缚问题(Donati，1981)。在机构中进一步复杂化的趋势是机构内部的沟通管理，因此，管理者需要了解机构的社会政治环境，熟悉管理中的显性和隐性规则，知悉机构的服务历史(计划报告、文件、评估等)，掌握随着时间的演变，机构与各层次的组织之间正式的沟通渠道等，这些内容至关重要。了解这些内容可以帮助管理者清楚地了解哪些方面可以提升机构竞争力，拓展发展空间，更加自治；哪些因素会阻止机构发展，让机构陷入困境。

同样重要的是，我们还要进一步分析社会工作者如何处理现实中存在的子网络系统；子网络系统在正式和非正式的分层中处于什么位置，以及可以形成什么样的联盟；在法律法规和获取资源方面，行政部门有哪些限制。社会工作者首先要问自己，自己的想法、价值观、学识是否有个人成见或偏见；在更广泛的社会背景下，社会工作者的职业地位如何。事实上，我们也不能忽视日常行为，不能忽略扮演角色者的主观性，也不能忽略与之相伴随的社会特征。

在意大利，社会工作这一职业和专业产生并发展多年，很多法律预设了社会工作的任务和职能，但是直到 1985 年，这一职业才得到法律的正式承认。由于缺乏明确的机制，社会工作专业发展面临一些问题。

此外，因为社会工作在本质上关注弱势群体，所以社会工作者经常会介入一些比较敏感的领域，如未成年人保护领域。但是，媒体、公众对社会工作缺乏认识，不了解社会工作，这就导致社会工作无法发挥预期的功能，达不到理想的效果。

面对专业不被认可、零星的抗议等问题，如果我们对社会工作专业的定义进行调整，减少人们的抱怨，就可能让更多的人愿意从事社会工作。因此，社会工作者要充分意识到自身角色和职能的重要性，掌握扎实的专业理论和实践经验。这些非常重要，同时还要重新定义自己在组织内外的角色。

最后一个因素也很重要，就是社会工作者要知道与其他一系列社会服务(比如学校、少年法庭等)相比，社会工作占据什么位置，社会工作在人们心中的形象是什么，以及社会工作的信息发出后，有多少信息有助于吸引案主表达自己的问题，抑或扭曲案主的问题。

我们曾经说过，社会工作服务是系统的，可视为自己以及与其他系统的关系的历史。我们可以根据生命周期的角度进行分析。如果我们反思服务机构发展的历史，可以看到有些服务在法律的支持下成长壮大，而有些服务却消亡了(ENAOLI、ONMI、ECA ①等)，还有一些服务不断演变，在发展中融入了新的内容，例如，从精神病医院到精神卫生和精神援助服务(SIMAP)②，从集中服务到去机构化和地区服务。

从家庭关系方面来进行分析，显然在隐喻的意义上，这些子系统之间的关系可以帮助我们理解组织动态，发现组织中功能失调的游戏或组织发展中的障碍。同时，我们可以更好地理解新的服务与已经运行一段时间的服务有什么不同。我们可以回顾服务的历史，重点分析新工作者的介入以及如下事件的结果：被赶出家门、遭遇工伤事故、(病态家庭结构中的)三角缠、双重束缚。

此外，如果多个服务机构的内部或者服务机构之间功能失调，则无法齐心协力解决共同关注的问题，从而造成不利后果。工作人员的活动也可能给案主及其家庭带来妨碍，加剧冲突，引起案主原有家庭和个人功能的障碍，增加家庭游戏可能带来的风险。在这种情况下，事情会变得更加复杂，我们将面临多重问题的家庭，这些家庭有更加复合性的要求(通常是语言化的要求，或者更容易回答)。为了响应这些要求，可能需要多项服务。所提供的每项专业服务独立于其他方面，导致参与服务的人员越来越多，其结果是案主的问题长期无法得到解决，带来破坏性影响。

二、社会工作者及社会工作组织

如果我们关注专业服务机构所处的互动环境，就一定要考虑社会工作组织，考虑到社会工作组织内部，社会工作者的介入是代表社会工作组织

---

① ENAOLI：Ente Nazionale Assistenza Orfani Lavoratori Italiani，意大利孤儿护理工作者联盟；ONMI：Opera Nazionale Maternità E Infanzia，意大利母婴保护国家剧院；ECA：Ente Comunale di Assistenza，社区服务联盟。

② SIMAP：Servizio Igiene Mentale e Assistenza Psichiatrica，精神卫生和精神援助服务。

的一种干预，这种干预不能被边缘化，也不能被视为简单的实务操作。

我们常常目睹的专业精神有时被认为脱离了组织环境，组织成员没有归属感，也无法实现组织目标。

当我们在解释职业角色（Piva，1993：27－37）一词的时候，往往会强调其个体及其主观性，而忽视背后的组织维度，这就好比在一家大型超市里购物时，我们只关注要买的东西，想获取的资源，反之亦然。

社会工作者要问的第一个问题是，自己在多大程度上了解将要介入的环境背景。从系统的角度看待组织，把组织视为总体目标的组成部分。像所有生命系统一样，这是个开放系统，能够接收来自环境的某些信息输入，处理后将其转换成输出信息，反过来又有助于改变环境，影响后续的输入。

这意味着我们需要在维度、形式、功能或结构分析方面克服简单逻辑，而将精力更加集中于行为、关系和相互依赖性上面。

如果我们采纳这种解释，组织就成为一个场域，在这个场域中，我们就可以直接采用平卡斯和米纳汉的定义，在专业化上面，“带来改变的组织系统”就转变成“专业行动的目标”。

社会工作者不是被动的主体，而是国家制定的社会政策的执行者，他们不仅是规章制度的接收者，也是通过行动与交流共同构建组织现实的行为者，有助于定义组织的“游戏”（Cavagnino，1992）。

因此，我们要“对其成员的态度、行为和策略进行观察和评估，对其特殊资源进行评估，限制其回旋余地，权衡其策略，以试图理解其态度、行为和战略的合理性，重建他们实践中的游戏规则、结构，性质”（Crozier and Friedberg，1977：74）。

作为自由行为者的社会工作者，也可以在自己能支配的小范围内使用知识和方法，并且可以制订介入策略。通过这种方式，我们就可以克服责任归属方面的线性因果关系逻辑。这一线性因果关系的逻辑是，一旦出现错误，就要寻找那些负有责任的过错者，而这种归因错误往往会限制个人的发展空间，阻碍职业的上升渠道。而如果我们打破这一逻辑，向外归因，在外界的事物或者他人身上确定问题的根源，运用循环型逻辑考虑与其他行为者相互联系的每一种行为，这样就开启了通过调整游戏中的交往行为而触发系统改变的可能性。

这不是将注意力聚焦在问题和找寻谁该为问题负责上，也不是试图找出结构或功能的缺陷，而是要对系统进行诊断，让我们从系统的角度了解失衡的内容与原因。在系统内部，行为或罪错机制是“理性的”（Crozier and Friedber，1977：161）。如果从个体之外引入新的介入策略，那么自由的空间是什么，限制是什么？我们将组织作为一个开放的系统，我们可以看到来自系统属性的一些实际影响。

在组织分析中，整体原则（Watzlawick，1967：118－120）将组织视为一组不同的子系统。每个子系统都与其他子系统相关：每个子系统都不应被视为独立的，而应被视为实现组织最终目标的一部分。

当组织的个别子系统受到正向激励，这种影响能波及整个组织。例如，要从组织内部改变组织对外的服务形象，我们需要确定重点在哪些方面，分析自我的行为方式，探寻使用的沟通方式；对有效性和功能进行评估，并确定最合适的干预策略。我们通过改变沟通的方式，逐步改善系统功能失调的模式。

在组织中，人们的干预往往表现得像治疗慢性病一样：我们坚持采取相同的行动方式，但是收效甚微，几乎达不到修正的效果，而且还导致功能进一步失调。

体内的动态平衡原则让我们反思，组织中存在稳定机制的结构和信息，而且这些结构和信息往往会驱动组织发生变化（Cavagnino，1982：82－83）。

如果说社会工作机构以满足人们的需求为目标，那么显然，由于社会制度的复杂性和可变性，人们对社会工作的需求会不断变化，这就要求组织要特别注意从环境背景中获得能量输入，并能够适应组织外部的变化，在组织结构上保持灵活性，使组织保持变革的弹性。

即使政治环境由于集体诉求而发生变化，政府颁布了新的立法，该系统也会倾向于维持自我平衡，但是由于组织规则较为僵化，组织成员已经习惯了既有规则，他们很难放弃以前的行为模式，不愿意冒险改变，这些又给新立法的实施带来了一定困难。

改变一切，同时也保留一切，这就是我们在运行中可能存在的风险。我们可以改变外在的形式，例如名称、形式结构、具体活动和任务，但是我们仍然保持内在的逻辑，使得游戏规则不变。这就像一对夫妻结婚后，与婚前的独自生活相比，他们有了共同生活，有了孩子，建立了亲密关系，但是他们仍与原生家庭保持紧密的关系。

平等的所有权这一概念提醒我们，在其他组织环境中证明有实际效果的组织模式，如果经模仿或拷贝，输出到其他组织，则效果待定，因为没有考虑到组织本身的历史和特点。从这个意义上讲，在获得一般特点或经验的同时，我们还必须在内部建立与特定情况相关的自治过程协议、路径和干预模型。

除了系统的属性之外，我们可以使用“家庭隐喻”，这是有助于理解组织动态和组织游戏的工具(Luppi，1997：53)。

实际上，每个组织都具有自己的发展历史，这也决定了组织的不同特征。在组织中，每个人必须确定责任、明确角色、界定正确的距离和界限。我们应该避免出现极端僵硬的纠缠形式，这种纠缠形式会导致多种服务的介入，在这种情况下，各服务之间不可能突出分歧、各司其职，而是所有人都做同样的事情，而且很少有人关注外界的反馈。其中，每个人的行为都可能独立于组织目标，更多地注重自己的形象，打造自己的空间。

如果要分析服务的历史，我们就要收集一些有趣的元素并进行个别化。例如，发现新设立的服务，或者升级以往的服务，抑或分析服务转换之间有哪些差异。

在某些地区，服务会分久必合，即分立之后又重新融合，这不仅带来制度上的变迁，而且在实务操作层面，也成为服务系统生命周期的关键事件。

为了全面理解组织结构，我们需要建立“生态图”，这可以帮助我们更好地理解各种角色。我们将组织成员角色及其关系划分为联盟、消极联合、三角缠或者双重束缚。

与那些微小调整相比，进入系统、离开系统、角色替代、转介、退休等可视为对系统产生干扰作用的关键事件。

在每个子系统之间，在组织的各个子系统之间，在组织与外部系统之间的关系中如何确定隐性或显性规则(Campanini and Luppi，1988：91－92)，是个有趣的问题。

每项服务都有各自的规定，有的源于规章制度，有的源于法律法规，有的则由机构管理者商议确定。如果我们回顾意大利社会医疗卫生服务的发展与重组过程，就可以了解不同背景下哪些因素导致了问题与困难。在意大利的社会医疗卫生服务中，工作人员通常没有选择余地，也无法看到急剧改变的工作环境，在规则谈判和确定相互关系方面都遭遇困难。

每项服务都有一定的规则，有些规则是明确的、显性的，而有些则是暗含的、隐性的。对于明确的规则，社会工作者是知道这些规则的，比如服务的开放时间、机构类型、提供的服务类型以及运作方式。社会工作者是非常熟悉这些信息的，但是案主很可能不知道，因此社会工作者必须向案主解释，以免在专业关系中产生误解或造成麻烦。这一点很重要，社会工作者要切记。隐含的规则涉及工作方式和与其他重要系统的关系。社会工作者和机构的反思可能是重要的，这可以澄清这些规则。事实上，元通信可以帮助解决潜在的关系冲突。

为了进一步说明，请思考下列问题：

- 在任何情况下，您是通过预约接收案主，还是无须预约？
- 会谈时间和空间是否受到“保护”，任何人不得打扰，还是可以随时被打断？
- 为了专业化，工作严格进行分工，还是遵从团队行动？
- 工作人员要为他承担的工作负责吗？
- 在有人不愿意处理或不知道如何处理的情况下，机构会将工作分配给其他人吗？
- 报告可以协商签订还是“必须”接受？
- 与政府的关系是否有非正式沟通渠道？

上述这些问题是在日常工作中经常会遇到的，不仅影响社会工作者与组织、同事的关系，而且对社会工作者而言，还会影响将来与案主建立的专业关系，因为这些信息从工作情境中获取，同时也会对社会工作者获得的信息带来干扰。这些是社会工作者需要注意并应学会控制的方面。

为了支持和帮助困难公民，在干预前就需要制订规则与措施。我们有必要严格遵循这些规则，揭示出自相矛盾的真正陷阱。例如，在既定情形下，不要以正式的方式就某些问题(如幼儿园、社会住房等方面)给出消极回答；不要迁就不尊重程序的案主，除非他们面临严重的问题(如失业、家庭人口过多、药物滥用等)，不要给予其补贴、援助或其他好处(免票、产品折扣等)。在这些案例中，如果案主的问题久拖不决，这往往就意味着，他们属于自我功能失调的互动模式，并会一直延续这一模式。

规则来源于立法规范、政策文件或内部规定，以及管理者直接谈判的其他规则。

我们意识到，每个组织的一致性改变都是一个复杂而艰难的过程，改变是为了社会工作者能够相对“简单”地介入服务。

对于被广泛关注的关系问题，我们使用元通信(Watzlawick et al., 1967：32–36)作为解决问题的工具，这一点很重要。

这些内容不仅可以影响机构的工作、同事之间的关系，而且能反映社会工作者与案主之间建立的专业关系。有些信息在特定的情境下还可能扰乱社会工作者的决策。

事实上，如果服务机构的内部或者服务机构之间的动态功能失调，很可能不利于问题的解决，反而增加解决问题的难度。如果我们对关系界定不清，具体任务不明，那么社会工作者的介入就可能困难重重，加剧案主及其家庭的功能失调，引发进一步的冲突和竞争，在总体上带来消极影响。

费雷拉(Ferreira)提出了另一个特别有趣的方面(Watzlawick and Weakland, 1976：49)，他将“家庭中的各个成员、角色之间畅所欲言，彼此分享，互相关心”定义为神话(miti)。

奇戈利(Cigoli, 1984：1)对健康社会中的组织神话做了一项研究，结果令人饶有兴趣。他强调，与家庭中的情况类似，组织也具有神话中的防御和保护功能。在系统内部，如果当组织成员没有清楚认清现实，试图避免冲突和突发事件时，就会发生防御和保护。同时，在组织与外部关系的层面上也可能发生。而对于不属于该组织的成员而言，该功能会对系统产生实际影响，给处于系统外部的非组织成员造成混乱，使其迷失方向。

健康社会的组织非常活跃，组织神话具备以下特点。

(1)“设定闹钟”让事情顺其自然，此时组织成员等待系统外的干预，如相关立法(如有人说“等卫生部门批准的时候……”或者“如果有援助方面的改革……”)。系统外部的环境改变通常是通过法律来实现的，而且人们必须适应这种变化。每次面临这种情况，我们都要重新开始，因为改变伊始，我们没有可以依从的经验。

(2)规划的“神话”：在进入一个项目时，我们会将案主需求和即将干预的领域列一份清单。这样，机构的管理人员和项目小组成员在面对一系列问题时，要不断地进行讨论、磋商，可能会文山会海。然而，这样做并没有遵循系统程序的理念。因为在计划、方案、项目之间缺乏有机的衔接，目标、战略和资源不清晰，同时也没有考虑到制约因素，这种状况会最终埋葬前期所有的付出。

(3)“技术专家与技术性防御”的神话。具体表现为机构的管理者与实务操作者之间在任务与责任上没有区别。

上面是一般意义上的神话，还有一些神话与服务历史或单一团队结构有关：和谐与一致的神话、缺乏差异性的神话、“这不是我的专长”的神话等。

如果我们希望组织内部有积极改变，机构成员就必须密切关注这些问题；如果组织受到挑战，遭遇突然袭击，就可能引爆组织成员和组织的强大凝聚力，反对那些试图逃避的人，这也是组织神话的功能。

我们需要掌握神话本身所包含的这些“游戏”内容，积累经验，逐渐改变，我们遭遇威胁的可能性就会逐渐变小，此战略在实践中非常有用。

第二节 网络的构建

“合作”一词在词源学上意味着“与……合作”，我们需要考虑合作的对象，无论是案主、同事，还是社区，都可以作为潜在的合作者，这些合作者有自我决定权，可以在共同参与的项目中作为伙伴。

合作的过程并非一蹴而就，需要我们主动抛出橄榄枝，而且成功地建立合作关系也绝非偶然，需要体现合作内容的针对性，体现我们的意志。同时，合作也需要精心计划，合作的实施过程不会一帆风顺，很可能会让人心力交瘁。

在本节，我们将讨论如何在组织层面建立合作关系，这种合作既可能在不同机构之间，也可能是在某一地域之中，各方为了最大限度地利用当地资源而携手合作。

在当今社会，我们有必要建立协作的共同体，最大限度地发挥各自价值。此合作非常必要，因为社会存在整体需求，而且社会的需求具有复杂性和稀缺性。

众所周知，社会环境在不断变革，除了那些思想较为传统的人，社会成员总是不断提出新的需求。一方面，事物之间存在多重因果联系，这使得从单一视角分析问题变得特别困难，充满局限；另一方面，我们面临着双重主体，即公共主体和私人主体，公民社会成为世界全新的表达方式，并随之产生了多个主体。

我们同时还要削减公共开支，减少资源浪费，节约有限的资源。资金有限给我们带来了问题，我们需要通过定性和定量的方法来研究并解决问题。

一、工作小组与协作环境的创建

为了构建组织内部的协作环境，社会工作者除了具备扎实的专业知识和较强的实践能力外，还需要确定以下问题：组织是临时性的还是长期的，组织的任务是单一的还是多领域的，以及社会工作者扮演了什么角色（协调员、专家、成员……）。

勒温（Lewin，1951）的场域理论和毕奥（Bion，1961）的研究是理解群体现实的有力工具，这一理论可以对工作组群体和案主群体进行解释。

在过程分析和干预方面，系统关系模型贡献更大。我们将群体作为一个系统，任意定义边界，将其作为一个实体从社会情境中分离出来，并根据其功能需求在几个层面上进行分析。

我们可以考虑：

- 各成员在小组内的关系；
- 团体内每个成员在其自身背景（家庭、工作、社会环境）中发展的其他关系；
- 小组本身与其他系统的关系。

在不同层面上的沟通如果与上下文相关，就获得了意义，就会更容易被解码与理解，否则很多信息将被误读，以致造成损失。例如，在一个由多专业背景人员组成的工作团队中，如果信息仅在内部交换，并仅在组织机构内的情境中进行分析，那么我们所理解的意义是一种；而如果我们仅在专业内部或者服务组内作为信息的接收者，那么我们收到的信息可能是另外一种意义，即可能在其他合理维度上来进行解读。

在这方面非常有用的是利玛窦（Matteo）提出的反思，他说："人际沟通分析中，重要的步骤是确定沟通者所在的情境，即关系博弈的范围。"

(Selvini Palazzoli，1981：220)要考虑到不同接收者的接受能力，不同背景下机构的组织成员(例如，服务和专业团体、基层和协调中的代表功能等)接受能力不同，这种情况下信息的解码就会更加复杂。

如果将我们观察到的交流定律应用于会谈中，将有助于掌握重要的内容：

- 人们的空间位置(坐在谁的旁边、哪些椅子是空的、位置变化或位置固定)可以表明人们之间的亲密程度，如联盟等；
- 非语言沟通(Watzlawick et al.，1967：52－59)让我们能够积极倾听，同时也有表达的功能，让我们掌握对方的情绪、注意力或疲倦程度，解读并反馈分享、协议、利益、愤怒、冲突、权威等关键信息，以便进一步了解沟通的内容；
- 对称性和互补性(Watzlawick et al.，1967：60－62)可以帮助我们理解环境，也可以帮助理解依赖、反向依赖或相互依赖等关系中的领导地位或者各自的地位；
- 仔细评估内容和关系(Watzlawick et al.，1967：44－47)，这样可以聚焦要实现的目标，协助任务小组并提供有价值的工具，特别是如果这个群体是以教育治疗为依归的自我中心式时；
- 将事件的主体作为组织符号，考虑其所处的地位，这样可以降低被淘汰的风险，或者在司法环境中探寻错与对，在团体协作和建设时采用更加丰富的思想，既考虑到不同观点，也能创造性地克服各种观点的差异。

有意思的是，在一些历史时期内，我们在群体维度上还营造出文化建设的环境背景，在目标和方法上建立共同思想，也建立起共同的工作风格。当今，在许多情况下，随着时间推移，我们在一个团队中工作会感到疲惫。大多数情况下，群体成员缺乏准备，也不习惯在集体中工作。因此，在某种意义上的运作能力有利于建立具有共同目标的团体，而成员将在这个团体中承担任务，并逐渐形成群体归属感。

为了构建跨学科协作，有四个必要而基本的群体维度：

(1) 真实、明确、可描述的维度，与组织成员相联系，整合与目标相关的资源；

(2) 组织与其他组织、社会关系的维度，关注多元化以及组织之间的关系；

（3）所代表的维度，即组织所具有的形象，此形象往往渗透到认知和情感方面，并由群体所决定；

（4）群体成员生活的内部维度。

为了建立一个合作的背景，这四个维度要从以下方面实现和谐发展：

- 目标明确，规定参与者的分享；
- 定义、构建和接受规则和组织的约束条件；
- 角色明确，成员都承认各自角色的特殊性、复杂性和相互的依存性、灵活性；
- 领导能针对不同领域进行建设性的行动，并以实现共同目标为导向；
- 能以有效的方式进行内容和关系方面的交流；
- 组织氛围良好；
- 组织面向未来，共享发展成果。

二、服务间的协作环境：建立网络

我们假设社会工作机构提供的服务是严格按照专业领域和能力标准的，在服务系统中，提供服务的方法并不总是社会化的，系统内部成员也不一定熟悉，有时也不能满足案主的需求。一般而言，组织以分工的逻辑来运行，各部门之间太注重分工，几乎没有动力进行整合。

同样，在立法层面，我们看到有助于各种服务参与的规定，但是我们也知道，法律不足以改变长期以来不同机构和员工之间关系的交流方式和关系史。而且，正如费拉里奥（1992：102）强调的那样，在我们的组织中形成了两种服务：

（1）基本服务，这种服务更加开放，更通用，可控性更强，往往复杂的问题相互交织；

（2）专家或“可选”服务，更能够强化规则，往往根据问题选择服务对象，对介入施加更严格的程序（例如，体现在服务对象的自发性和参与性，而非长期性等）。

在这些服务中，往往由于内部的行政等级制度，官僚作风盛行，其特征是沟通失调，机构无法满足市民的需求，甚至可能会放大服务对象家庭的病态问题。

特别是社会工作机构将给服务对象发送报告，并利用报告时间使之成为方便访问和收费的战略节点，反之亦然，在不正当游戏中对案主进行三角化。

如何在模式上彼此达成一致，并如何战略性地对收到的报告进行解码，这可能是构建更多合作路径的第一步。第二步需要考虑已有的交流经验，如果没有项目连接这些自然形成的网络(Piva, 1993: 95)，没有机构对工作人员和服务进行管理，那么对案主而言，就只能从了解并信任的社会工作者那里体验社会工作的专业性和有效性。

这可以作为采取进一步措施(实施下一个步骤)的起点。例如，你可以对一般的案例进行反思，巩固社会工作者与其提供的服务之间的操作模式，以期将其转化为实践，或从建设性批评的角度分析困难、问题或失误。从失败和错误中，你可以改善日常工作中的联系，将案主利益作为出发点。

我们可以鼓励参与服务的合作机构就正在进行的活动或项目进行沟通，相互告知实践中的情况，一起合作建立沟通渠道，及时合作来分析过程中存在的问题。我们可以朝着这个方向继续努力，注重组织发展动态，在合作过程中进行明确的交流，在交流的内容和关系两个方面，可以逐步拓展合作深度，摆脱形式化，使交流的范围更广泛。例如，我们设立了一个合作项目或者工作组，起草相关的文件以供共同遵守，一旦正式文件建立起来，就会对有关机构和人员具有约束力，明确具体的专业技能领域，合理利用资源。我们可以整合各个工作领域，并整合方法、程序和工具，这样它就成为专业空间和联通自治的有用手段。

促进协作的一种方式是进行培训(训练)，最常见的是进行专业培训，这可以让各合作方专业互补，旨在建立协调统一而非对抗的工作环境。

每个职业都需要空间进行反思，也需要有时间在同行间进行交流，这样才能保持职业身份。在合作中确定清晰的界限，不让自己拖后腿，这样跨职业的合作才能更加稳定。

同时，团队合作也需要特别培训，这样才能让各种专业人士齐头并进、共同收获。培训不仅能帮助他们掌握更加丰富的专业知识，同时也提升其合作精神，遇到问题不敷衍，也不会不负责任地一走了之。

我们有必要建立多学科跨专业的合作文化，在文化氛围中，要明确

"保护"团队中的工作时间，并确保团队中所有成员的投入与积极参与。

今天的社会由于其复杂性，比以往任何时候都需要合作。由不同立场和不同观点的人士组成合作团队，可以进行富有成效的对话，这样才能确保我们的工作更具有建设性。

在20世纪70年代，意大利的服务文化经历了伟大的"群体性"时期，"服务文化"以"身份"过程为特征，具有融合性元素(曾经是某一角色单打独斗的时代)。正如莱(1988)概括道："就像在孤影自怜的水仙花下。"

这一时期，非此即彼的二元思维不再受到重视，这种不是正确的就是错误的思维方式认为事物是两极化的。

如果我们真正深入了解当今社会，我们就需要进一步打开思路，重新认识群体，认识到一个真正的群体应该允许有不同的观点并存，这些观点有助于我们认识现实，避免"盲人摸象"，只见树木，不见森林，只有兼收并蓄才会更加接近"真相"。在各种观点的交换与碰撞中，我们通过比较差异，将有可能找出新的观点和思路，此新观点并非来自各方的简单相加，而是充分整合。创造性的新观点既含有各方主张的合理元素，又是对各方观点的超越。

按照这个逻辑，群体中每个成员的贡献就成为根本元素，每个人从所展现角色的特殊性出发，根据要实现的目标，与其他人一起携手并进、协同作战。

为了朝这个方向发展，我们的服务文化有必要克服日常工作、语言中对现实的线性描述。如果表述方法不明确，就会造成彼此之间的误解，难以实现共同目标。一旦没有实现目标，人们倾向于找外在借口，认为外部因素才是"罪魁祸首"。我们应该进一步分析我们的交流方式是否需要改变，或者在某些情况下，是否可以不采取行动，因为有时候不行动反而更容易接近目标。

语言、意义系统以及对特殊代码的解码，对发展功能性交流意义重大。

我们可以通过共同、共享的参与培训，建立沟通和功能的整合机制，共同培训也有助于我们澄清专业术语的含义，商定共同的意思，以避免对关系性问题引起误解。

培训实现的另一个重要结果就是信息的传播和知识的积累。在小组见面的时候，小组成员可以进行经验交流，每个人可以从理论和方法的视角进行分析，有助于我们重新审视面临的问题，并有利于实现专业文化的系统化和概括。

三、在社区建立协作环境

社会工作者需要反思的最后一点是在服务的地区建立起有利于合作的环境。

我们知道，社区里的服务多种多样，不仅有社会保障机构，而且还有一般性的资源或者服务组织：有社会服务团体提供协助性服务，还提供各类信息，包括培训和活动。

这些组织在现实中发挥着不同的作用和功能：有的回应社会需求；有的组织开发原创项目；有的在其深耕领域（如体育组织）以综合干预的形式开展活动；有的则采取代表的形式，推动公共部门的发展，对其相互矛盾的要求和存在的问题进行回应。

社会工作必须能够与这些社会需求进行对话和协作，以使环境更容易识别各种需求，收集到个体可能面临的困难。

当多种专业领域不能独自找到解决问题的答案时，良好的协作水平有助于支持和引导网络，正确地向公众传达需求。

从这个意义上说，我们需要对社会的背景特征进行正确而深入的分析，以此来解读现实，这可以对社会工作者起到导向作用，是支撑社会工作者决策的第一步，也能汇聚潜力，促进社会工作的专业发展。

我们会面临不寻常的复杂问题：离开自己的环境进入社区，这意味着我们将面对并接受不同的实务操作方式。新的实务操作方式可能与我们熟悉的情况相距甚远，但是如果不这样做，我们就会忽视其他机构的干预，并使许多人的努力付诸东流。

另外，即使有了知识，各机构也可能由于偏见而使交流变得困难。事实上，随着时间的推移，机构间会形成一种反差，这种反差与两种体系的文化和方法的多样性有关：一个是基于社会和团结的承诺，另一个是技术专业性的工作。相互持有的偏见使协助困难重重，偏见是沟通功能失调的根源，这需要我们从根本上摒弃以往的偏见，以此为基础，再次冒险，激活各系统，进一步调整病态的家庭问题。

另一个风险与福利危机有关，是资源的机会性使用问题。如果公共机构不履行或延迟履行承诺，就会导致此风险。这种行为往往忽略公民个人的职责和技能，取而代之的是提出对公共项目的需求，同时需要设计清晰和综合性强的社会政策方针、标准，并为项目提供资源。

合作并不意味着要与对方的逻辑保持一致，也不意味着把其他资源的工具用在一个由社会工作者专门管理和指导的项目中，更不是把这些功能完全授权给这个服务机构。

通往对话的道路可能处于初级阶段。开启合作旅程的工作人员在提供的服务、方法、专业干预和政治选择方面各执己见，但是各合作方需要比较，必须能够在技术的实务操作层面上正确处理分歧。

事实上，合作中也会含有竞争的色彩，或者带有假设的意识形态色彩。工作人员可以将另一方觉得不公平的事归因于公共部门的落后、违约或错误等所有负面因素。

当然，协作的角色可以转化为倡导的角色(Piva，1993：72)，因为我们的出发点是案主的利益、需求，以及没有被充分表达的群体诉求和文化。英国和美国已经在这方面有服务案例，我们要在他们已有的经验基础上进行新探索。

总而言之，可以肯定的是，我们要设法正确处理组织中的动态事件，提高自我解决分歧的技能，秉持开放的职业态度，将会谈和协作转化为能对组织产生刺激和激励作用的建设性过程。通过日常创新实践，提高对问题的认识水平，提高服务质量，从生态学的角度实现综合性的助人形式，并兼顾服务的整体性。

第
四
章

家庭组织

第一节　一个家庭还是多个家庭

近几十年来，家庭备受各方关注，人们从不同角度进行分析：家庭被认为是一个衰落的制度[戴维·库珀(David Cooper)于 1971 年谈到家庭的消亡]，如果我们对家庭的变化进行分析，就会重新发现家庭中蕴含着生命力和资源。

毫无疑问，家庭是核心的社会制度之一，社会学、心理学和经济学的研究都证明了家庭对社会至关重要。人们对家庭兴趣浓厚的原因是，家庭拥有永不平等的属性。

人类学家强调家庭与文化之间的关系，强调需要放弃普遍主义的标准，接受家庭研究中的文化相对主义。

但是，尽管如此，文化相对主义标准因为引入了线性关系，每种多样性家庭都有共同的社会环境，而不再被认为是最有效的研究。因此，在共同生活的社会环境中，我们可以找到不同形式的家庭结构。

事实上，在社会的每一个典型结构中，我们都会找到多元化的形式来回应差异化逻辑，这既是象征性的亚文化，也体现出社会分层。不仅如此，家庭在历史进程中经历变化，按照周围社会的特点给自己建模，并以一种循环的逻辑运行：根据其稳定性特征的高低，其功能或大或小，或增或减。

在意大利，社会学家对家庭的分析极其有趣。他们强调，由于意大利工业化开始的时间比较晚，工业化进程缓慢，这导致意大利的家庭结构在幅度和种类上存在差异，而且这种差异一直持续到 20 世纪上半叶，而意大利家庭行为不连续的迹象也可向上追溯到这一时期(Saraceno，1998)。

性别革命，这一新的变化不仅对孩子，还对夫妻关系与家庭幸福意义重大。女性在社会角色和社会地位上发生变化，这与婚姻越来越具有不稳定性交织在一起，社会分层、经济发展和消费方式的深刻变化相互影响，对家庭生活方式带来剧烈冲击。

家庭社会学的基本假设是，人类社会在从简单社会、传统型社会形态向复杂、现代社会形态过渡的过程中，大家庭在结构和功能上不断改变，核心家庭成为社会的主要家庭形式，这是社会在发展过程中的必然。如果认为其是社会发展的绝对产物，则会暴露出其所有弱点。

每一个社会形态都存在着几种常见的家庭结构，这也往往成为其时代的特点，尽管有些家庭结构的数量并不多。这样说来，现代的家庭结构无疑体现在核心家庭上，但是同时家庭结构也有多种表达形式(Donati and Di Nicola，1989)。

从家庭结构的角度进行划分，常见的有：

单人家庭。这种家庭只由一个人组成，尽管很多人认为这不是家庭的恰当形式，然而这种家庭结构却很常见，特别是在工业社会。由于人类平均寿命延长(老年人，主要是独居老人，女性比例较大)，经济独立性增加(更多的人享受养老金待遇)，同居不合法等文化模式盛行，都使得这一家庭形式不断增加。此外，现在有很多年轻人脱离核心家庭，向外流动，远离家乡，到大城市工作，寻找发展机会，或者在进入婚姻以前，过独立自主的生活，这也成为一种社会文化选择。

夫妻型家庭。这个家庭结构包括没有孩子的老年夫妇和年轻夫妇，有的年轻夫妇选择不要孩子，做丁克家庭，有的希望在要孩子之前享受一段时间的二人世界，也包括结婚前共同生活一段时间者。这种形式也受上述社会文化转型的影响。

核心家庭。这是当前社会中数量较多的家庭类型，人们对这种类型的家庭形式兴趣浓厚。典型的核心家庭是夫妻与未成年子女共同居住，但是除了这种理想类型以外，在当今社会，还存在扩展核心家庭。出于经济方面的考虑，也会有很多成年子女与父母共同生活，以减少房租等生活成本，也有的成年子女在经历了一段婚姻之后搬回来与父母同住，或者年轻子女结婚后无力供养自己，结婚后仍然和父母共同生活。在这种关系结构下，解决亲子关系问题比较困难。成年子女通常还继续依赖年迈的父母，有的因为自我决策力不够，有的因为情感依赖，有的因为心理没有独立，有的因为感到这样住着很舒服。家庭以共同居住为基础，当人们在亲密的情感关系与合法的关系这两个方面进行选择时，即使这两方面并非完全对立，人们也通常认为后者是次要的。这种模式扩展迅速、情况复杂、难以分析，如果推广，还需要在社会系统层面对配偶和儿童提供最低限度的法律保障，从制度层面进行一系列监管干预。单亲家庭，也被称为不完全家庭，指父母一方死亡，或夫妻一方带着孩子生活，这种形式的家庭克服了婚姻关系的不可分割性，并在关系动态管理中引入新的关键问题：与子女共同生活的一方要承担起对子女的教育、社会化和监护责任，而不与孩子共同生活的一方，在很多情况下也要尽到义务。为了弥补夫妻一方的缺失，又有了另外一种家庭形式，即重组的核心家庭，两个单亲家庭重组，共同供养来自一方或双方在前一段婚姻中的孩子，这就产生了新的联盟形式。重组家庭中有一个问题比较棘手，就是新出生孩子的命名问题。研究表明，前一段婚姻中带过来的孩子会因此感到不安。在这种情况下，与典型的核心家庭相比，重组家庭的关系与边界更加难以确定，人们的身份比较迷茫，更加不知所措。再婚的次数越多，这种情况就会越严重。亲属关系网络变得如此复杂，重组家庭中交织在一起的（血亲意义上和法律意义上）亲属关系让家庭成员产生了严重的身份认知问题，特别是当儿童正在建立自我认同时（Donati，1998：273），这一问题更为明显。

复合家庭。尽管这种家庭形式在数量上急剧减少，但是依然存在，并在现在的社会里也可以找到这种类型。这种类型的家庭在漫长的时间长河中被保留下来，而且也成为日常生活中家庭组织或重组的一种策略。复合家庭的形式有多种（存在不同代际的核心家庭）和扩展形式（其中核心家庭可以向核外延展），并且在个体生命周期的许多环境和不同阶段中表现出来，从而应对新情况。例如，离异者与他的孩子回家住；年轻的夫妇没有住的地方，仍与原生家庭一起住；请年长的父母照顾他的核心家庭，不让他独自生活。

总之，我们可以看出，在当前情况下，家庭的结构和转型方式存在如下变化：

- 子女出生率大幅下降；
- 年轻人在家庭中的停留时间延长；
- 步入婚姻殿堂的年轻人年龄提高；
- 未婚人数增加；
- 年轻人独居的人数增加；
- 同居现象越来越普遍；
- 婚姻的不稳定性增加，导致分居和离婚，单亲家庭或重组家庭增多，还有单人家庭、家庭中角色边界不清以及带着孩子上下班等现象逐渐普遍。

还有一个因素我们需要考虑到，就是在最近的移民背景下，种族群体增加，此因素很可能被低估。如果单人家庭能够正常化，我们可以帮助同一族群的人或夫妻家庭，以及核心家庭之中的非典型家庭，也可以帮助不同文化背景下的婚姻或同居者，他们在移民过程中相遇，并结为连理(跨国婚姻)。我们也要考虑意大利家庭的所有异常情况，比如，有些家庭的关系退化到了部落时代，未成年子女可以由兄弟、叔叔或堂兄弟“照管”，他们的这些习惯是不是受其本国文化的影响呢?

在对不同家庭结构进行分析的过程中，我们可以发现，在所有社会阶层中，显然核心家庭居多，家庭的象征意象已经内化，生活方式多元化。因此，我们可以肯定，今天我们所说的不是一个家庭，而是多个家庭，以多元化的视角来看，家庭具有特定的多样性特征(Fruggeri，1998)。

我们除了对家庭这一词使用复数形式，还需要从语言层面出发反思家庭一词所构建的意义体系。

家庭的特征是什么?特别是“正常”家庭的标签应该是什么?如果从规范的角度看婚姻，“新家庭”与传统家庭相比，被认为缺乏形式或偏离形式，而在多元化的视角下，它们被视为只是形式不同而已(Fruggeri，2001)，不能将病态家庭和家庭的多样性混为一谈。

在西方世界，家庭观念与“核”的观念密不可分，两者有千丝万缕的联系，这导致没有相应的术语来描述家庭结构的组成部分，例如，第二次婚姻或者寄养家庭。

家庭中不仅有生物纽带，而且还存在符号纽带。同时，家庭关系与互动变得越来越复杂，这实际上产生了新的纽带关系，且与既有纽带彼此交织在一起，而不是简简单单地取代或取消以前的纽带(例如，妈妈有两个孩子，一个孩子是自己亲生的，而另一个孩子是现任丈夫与其前妻生的，那么她既要发展生物纽带关系，也要发展符号纽带关系)。

因此，我们采用一种多重核心的逻辑至关重要。此逻辑修改了家庭与环境之间确定的传统边界，改变了家庭的界面维度，同时也不会给家庭的发展带来障碍。

从操作的角度来看，这些方面都具有重大意义，因为它不再像以往一样只是分解、去核和个性化的过程，还涉及家庭成员之间相互的交织与联结。

新家庭的复杂性和联结性不能被包含在核心家庭的标准化模块中。如果我们对家庭的垂直三代进行分析，我们可以了解这家庭三代的故事，但是这不足以让我们掌握家庭发展的全貌，因为还有其他旁系分支我们并没有看到。

第二节 理解家庭的钥匙

和家庭的发展一样，家庭理论也随着社会变迁而发展，有时甚至会在很短时间内急剧涌现多种理论。在早期对家庭的研究中，研究人员将注意力集中在家庭模式上，同时也致力于在地图上描述正在发现的“世界”。家庭一直被视为一种在社会环境内部，由成员和社会外部构成的关系体系。在进化方面，我们考虑家庭生命周期，在组织之下，分析其结构或家庭游戏的比喻。随后，我们非常重视的事实是，这些描述是由非中立的或非客观的观察者进行的(Von Foerster, 1981；Maturana H. and Varela F., 1980)。观察者从他选择的时刻开始参与并影响客体，并随意决定内容。然后，他选择什么是相关的和什么是不相关的来“感染”自己，最后用一种语言来描述它，这是他对世界进行分类的结果。因此，我们将提到的概念必须是易理解而非客观真实的有用隐喻。

因此，我们将讨论家庭组织，将家庭组织作为与自我、他人、世界建立联系的工具，建立共享的关系模式。

家庭被认为是一个有历史的、开放式的自我调节系统，受到前述系统属性的影响。

但是我们需要强调，观察者的注意力不应该只集中在以家庭为单位的描述和分析上。我们还要强调，在家庭行为的规律性、重复性、可预测性不断下降的情况下，会存在一种风险，即认为个体发展是由家庭组织带来的结果，这是一种单一逻辑风险。此时，人们提出了循环关系理论。有学者对知识和社会行为之间的关系进行研究，特别强调一个事实，即家庭成员的人际行为，并不是对别人做的简单回应，而是会独立自主地归因于这些行为的意义功能(Fruggeri, 1997：71)。

从此考虑出发，我们确定了三个密切相关的分析层次：个人层面、家庭层面和社会层面。家庭的每个成员从自己和自己的信仰出发，将对其他人的经验和行为赋予意义，而这些个人前提和信仰源于他在组织中的具体位置，以及他从以前的经历或与外界关系中获得的信息，由此家庭开发了一种场域或共享信仰体系，这些信仰构成了象征性背景，对个人经验赋予意义，并结合和组织了家庭成员的内外行为。最后，家庭“作为社会文化社区的一部分，与这些信仰体系共享，这些信仰体系定义了行为、角色和家庭关系方面的可取之处。这些信念有助于确定家庭动态，从而有助于发展和维持在社会层面上分享的观念、意识形态和价值观”（Fruggeri，1997：72）。

一、家庭结构

根据米纽庆（Minuchin，1971）的家庭功能研究，我们将分析家庭组织的内容。

尽管家庭总是随着社会变迁而发生转变，但是在人类组织中，家庭是独特的，是唯一保持稳定的社会组织，至少在某些方面一直保持着稳定性。通过适应机制，个人通过家庭的形式表现出自己有能力回应两个目标：一个是内部的，即保护家庭成员；另一个是外部的，就是传播社会文化。

我们聚焦家庭组织的第一个方面，即家庭可以通过归属感和差异感来实现目标。

家庭这一社会组织为家庭成员提供机会，让其感受到稳定的凝聚力和保护感，同时传递归属感。家庭允许并鼓励发展个人技能，有助于形成差异化。差异化使每个人能够以独特和个性化的方式适应内部环境，以及与外部环境有关的变化。

家庭成员被赋予身份，可以有自己的技能，而差异化则允许每个人按照自己的想法选择发展道路。因此，在这些功能之间建立一个循环过程，一旦在循环过程中出现一个或多个功能问题，就会影响到其他功能的发挥。

家庭组织具有内在特征。有些事情可能让家庭成员感到满足、畅快怡然，能够满足家庭成员的归属感；而如果家庭成员在交流中感觉不到所期待的回应，就会很失望，这是可以理解的。但是家庭不可能只专注在交流这一个领域。

家庭还是一个不断发展的系统，必须考虑到时间的维度。在家有小宝贝阶段，必须优先考虑并为孩子建立更多的归属感。之后，家庭必须满足差异化的需求，并有利于家庭结构和组织变革。实现此变化所需的时间取决于家庭和社会文化，如果它们之间存在冲突关系，那么家庭关系可能会遇到相当大的麻烦。

然而，在家庭中并没有一成不变的规则，也没有永远定格的时刻，因而归属感和差异化这两种功能会一直存在，总会有需要他人雪中送炭的时刻。

我们在讨论家庭中建立的关系类型之前，需要考虑家庭在总体上的普遍性特点。任何关于家庭的研究必须从其所在的社会环境出发。事实上，家庭以一定的方式存在，组成并维持着某种类型的社会，此时的社会反过来又会造就出某种类型的家庭组织。尽管每个人都意识到家庭面临着困难和复杂问题，但是人们的愿景都是支持家庭关系，不希望家庭里产生任何紧张局势。

像任何其他社会系统一样，家庭通过持续的关系协议来保持某种形式的稳定，这种关系协议是通过平衡关系的相互定义而产生的。这些关系协议(我们称为规则)规定并限制各种领域的个人行为。规则的确定无疑是分析家庭制度的基本要素，但是我们必须时刻牢记唐·杰克逊所说的(Watzlawick and Weakland，1976：25)，这个规则是一种演绎、一个抽象，更确切地说是由观察者创造来解释他所观察到的世界的一个隐喻。

每个家庭都有自己独特的行为规则，由于家庭所在的历史时期(时间)以及所处的社会环境(空间)不同，这些家庭规则可能会有所差异。这些规则能重新定义家庭成员之间的关系，否则无法进行变更。当家庭成员与外部世界接触时，会进一步证实家庭的内部规则。当家庭成员与外部世界关系密切时，如果他发现家庭规则不利于他与外部世界的接触，此时家庭规则就会陷入危机，修改这些规则可能对其他人造成损害。

典型的例子就是青少年的行为，他们在与同辈群体接触的过程中，会模仿其他同龄人的言行，这会推动其改变他在童年时恪守或遵循的家庭规则。

在一些家庭中，家庭规则并不明显，会隐藏在那些老生常谈中，被认为是陈词滥调。费雷拉认为，家庭神话是关于家庭中互动角色和彼此关系的若干系统观点，所有家庭成员都会分享这些观点(Watzlawick and Weakland，1976：49－51)。当家庭面临重大事件，可能引发家庭重组的情况时，这种家庭神话也有利于发展家庭的集体防御机制，而该机制可以增加家庭系统的稳定性，尽量降低家庭系统解组的风险。

家庭成员的沟通是可以通过一定仪式表达出来的。比如，家人不约而同地在安静的环境中促膝长谈，一起分享彼此的见闻。家庭神话是通过沟通来实现的，但是家庭神话不能成为交流的对象。同时，家人对这种隐含的禁止“沟通”噤若寒蝉，这反而成为一种滋养家人维持和谐关系的肥沃养分。从这个角度来看，家庭神话被视为一种家庭功能障碍，因为神话不能推动家庭向前进化，尽管通过费雷拉本人的观察，每个家庭群体中都可以找到一定数量的神话，甚至是在最健康和谐的家庭中，也有必要让家庭关系有简单的发展。在这方面，有学者强调了这样一个事实，家庭神话是通过内在的思想形式呈现的，而非描述性的叙事和故事，比如，语言的暗示或者非语言的表达方式（Bogliolo，1988；Bacherini，1988：35－36）。其次是归属问题，家庭神话本身就有稳定的功能，而且也能随着时间推移和家庭演变而变化心智体系。

正是从这些考虑出发，可以将家族神话理论延伸到没有精神病理问题的家庭。有学者观察了家庭神话的使用情况，并针对家庭成员在生命周期不同阶段的成长和发展情况，进行了定期修改与转换（Bagarozzi and Anderson，1989）。这一视角特别适用于移民家庭，在移民家庭中，神话的建构是指与他们所处的新环境相联系的群体的独特特征，移民家庭在新的环境中被视为陌生人，需要确认其身份，而家庭神话是对此的回应，但是同时也有助于促进移民家庭对新环境的适应。

然而，在内部发生功能障碍的家庭中，神话作用似乎更加明显，数量可能更多，难以改变，并且侵入性更强。这是因为家庭在构成中往往也遵循所有组织运作的一般规则。通过这种方式，在功能存在互补性和成员之间存在相互依赖性时，层级结构以不同级别的权限形成，特别是在相同级别的成员之间。

通常，管理系统的规则并不明确，是相互定义的产物。一般来说，人们只有在犯错之后才会意识到规则的存在。

像任何系统一样，家庭也可以细分为父母、子女、原生家庭等子系统。各子系统之间应该有明确的界限，并且不能严重干扰其他子系统。例如，祖父母可以极大限度地承担父母的角色，有能力取代父母或者与父母的角色重叠，但是这被认为是不够的，而且越来越难以达到养育子女的最低要求。在实践中，祖父母并没有接受这对夫妻已经成为父母的角色，对他们而言，是因为他们的角色才有了第三代。这并不意味着在父母系统中不能包括祖父母，或者如果祖父母不太适合参与到父母系统中，只要明确各自的责任和权利，相互确认并接受，就可以很好地发挥作用。

界限的清晰度是评估家庭系统的有用指标，在此基础上，我们可以根据具体情况将之界定为纠缠或疏离。

（1）纠缠的家庭。这种情况是指家庭对外界不感兴趣，家庭的兴趣点只集中在内部，并且随着家庭成员越来越多的参与，家庭成员之间的距离逐渐缩短，界限变得混乱。当家庭面临重大问题的时候，例如残障、移民、亲人故去等事件，家庭更容易面对这一风险。因为在这些情况下，家庭需要更大的内部凝聚力，需要彼此关怀，但是可能导致系统与社会环境的疏远。

（2）疏离的家庭。此术语是指，家庭各子系统之间的边界过于僵硬、沟通不畅。在这些情况下，即使个人行为不会受到家庭的过度约束，家庭成员之间的沟通也会越来越困难，家庭的防御功能也被破坏。因此，有的家庭成员可能会注意到这一症状的风险——子系统之间感觉越来越“遥远”。

这两种形式会在家庭所处的特定历史时刻发挥作用，正如我们在谈到归属与分化时看到的，只有当其中一种情况导致家庭运作模式严重僵化时，它们才会成为问题的来源。

了解家庭互动的另一个重要概念是“联盟”。里德（1982：125）指出，联盟本身包含范围一致和共同努力的概念，并且必须与其服务的目标或功能相联系。在“健康”的家庭中，由于面临的时刻和问题不同，可以找到不同的、不断变化的联盟。里德（1982：125－132）通过研究这一主题的文献，确定了家庭中最常见的联盟形式。两个联盟成员支持第三方成员，这被视为是积极的行为，只要这不是超过正常范围的行为。例如，对病人、残疾人或老年人的过度帮助，可能会极大地限制他们的自主权。

串通的定义是，两人联合起来以共同侵害第三者利益为目的。串通的典型例子是，如果孩子的行为表现为无理取闹，或者行为怪异，那么父母会在战略上达成一致，一个扮演红脸，一个扮演黑脸，尽管角色不同，但是目的是一致的。

这方面的问题根源可能是父母之间的联盟，父母联合起来对付“问题孩子”，父母的联盟关系并未明显地表现出来，这一稳定关系有助于掩盖夫妻之间的冲突。在这种情况下，小孩如果维持这种症状，就似乎要遭受一种无名的压力，只有这样才能在父母的婚姻中达到平衡。这样，孩子的问题就成为维护父母关系稳定的“因素”，防止家庭中的夫妻关系日益恶化。

两名成员联合起来对付第三个人被定义为联合对抗。当一名家长和孩子形成联盟，一起对付另一名家长时，就会形成代际联盟，这个联盟常常是夫妻冲突的起源，有的家庭承认这个问题，有的则不承认。

黑利(1963)将消极意义的联盟定义为“倒三角”，并认为“倒三角”是家庭结构中儿童行为问题的根源。

“三角化”过程是指父母为了获得与一个或几个孩子的联盟而在彼此之间展开竞争，争夺联盟的权利。处于“三角化”家庭关系中的孩子发现自己经常处于左右为难的境地，尽管父母会讨好孩子，但是孩子会面临忠诚的冲突(典型情况是离异后的父母与孩子之间的关系)。

二、游戏隐喻

游戏的概念与关系规则的概念密切相关，并被视为“表达”家庭关系的“地图”。近年来，马拉研究小组(Mara Selvini Palazzoli)对家庭治疗领域的关系游戏概念进行了深入研究，并做了实验测试。特别是在借鉴克罗泽(Crozier，1977)对行为人策略的研究结果上，马拉研究小组强调了不同的系统级别(生物、个人、家庭和社会)如何能够结合在一起，从而更全面地了解所观察的情况。

事实上，他们强调了游戏这一概念(Mara，1985：27)如何“在两个基本推理之间建立联结，使它们之间能够融合：关于行为人的策略；在超个体系统层面上对行为者施加限制，并提出了限制的系统性措施”。

如果真存在制约个体行为的规则结构系统，那么每个人就有可能在同一游戏的不同策略之间进行选择。我们认为，每个系统都具有自己的身份和边界，从而赋予每个空间依赖性和自主性。

通过这种方式，系统范式变得更加连贯一致，这就摆脱了陷入决定论形式的危险，这种决定论简单地放大了致病因素，即个体不是既定行为的原因，家庭才是“原因”。

在每个系统层面，甚至个人层面都有一个目标，这个策略与其他层面上发生的游戏有着千丝万缕的联系。

家庭游戏被定义为“随着时间推移在家庭中形成的一套规则，是家庭内部的组织结构”（Cirillo，1986：18）。

在系统最初形成时，结构化方法不可能被预见，因为这一方法起源于系统的循环反馈，通过这种循环反馈，系统内每个成员的行动都逐步与其他人的行动相适应。

这些规则的定义不仅有助于我们理解子女的婚姻，而且还有助于我们理解扩展家庭及其外部因素，如社会条件、文化条件和家庭所处的一般社会环境。

在谈论家庭游戏时，我们还必须考虑时间因素。事实上，我们需要确认组织和组织游戏的规则，以及在这些规则下系统能接受的重复行为（冗余）。西里洛（Cirillo，1986：48）指出，所有系统中的互动游戏始终在进行中，在对系统进行任何形式的干预之前，我们必须首先了解这些游戏规则，并始终将其作为我们决策的考量因素。

在系统中，可能会产生引发系统危机的“病态”游戏，这经常表现在其成员的痛苦经历中、彼此反对的冲突中、一个或多个家庭成员的精神症状中，反之亦然。在健康的家庭游戏中，家庭成员的心理健康程度良好，满意度相对较高，其他评价指标也不存在剧烈冲突，没有无法解决的严重问题（Cirillo，1986：48）。

在这方面，我们不仅要考虑家庭的结构化，也要为之制定特定的游戏规则，这样做的结果将有化腐朽为神奇的功效。因为家人会带着自身的情感来解读现实，游戏参与者对行为和游戏本身赋予意义，我们正是运用家人的这种心理状况来进行治疗的。

事实上，每个游戏参与者不仅受到他所介入游戏的驱使，而且在这一过程中他也是一名合作的演员，按照自己的心理状况来解读现实。这种解读有可能认为没有必要进行一场争吵，以改变太多的意义系统。

在争吵中如何识别和使用“武器”也是很有讲究的，武器要对症下药，既要有操作的内在可能性，也要能看到实施后的功效。

三、重要的周期

从 20 世纪 50 年代开始，有学者开始关注家庭生命周期概念，这是在对家庭研究的过程中逐渐发展起来的方法，早已在跨学科的角度得到阐述。然而，直到20世纪70年代初，它才能被应用在临床实践中。

戈德里克和卡特(Goldrick and Carter，1985)使用生物循环的进化方法和概念来理解“正常”家庭和病态家庭。他们用多代视角来解释家庭动态，核心家庭被看作在较大的三代体系内相互作用的子系统。

这一假设认为，在家庭游戏中至少会涉及三代人(Scabini，1985：85)。代际存在这一垂直轴会将上一代的关系和行为模型传递给下一代，这样一代又一代；而横轴会收集这些家庭关系和行为模型，强调家庭在时间流逝中或多或少会遇到的问题，家庭会积极地适应各个阶段所带来的变化。

在时间旅程上，家庭会遭遇一些意想不到的事件，有的是消极事件(死亡、疾病、残疾)，有的事件与社会环境系统息息相关(经济危机、搬家、移民等)，这些都会给家庭带来紧张情绪。

我们在对家庭演变过程的研究中，抑或在对家庭问题和重要情境的理解中，都要考虑两个方面的问题：一方面是家庭发展过程中的代际传递，另一方面是家庭所处的社会环境。

这种分析属于生态系统视角，与我们提出的模型一致。我们需要谨记，从我们开始收集核心家庭的信息，构建对家庭的假设开始，就需要注意那些有意思的、重要的内容与信息。事实上，请记住，这个模型要求我们对家庭类型进行细致描述，更需要了解家庭的代际发展轨迹。家庭形式的复杂性和多元化并非千篇一律，在同一时间里家庭可能面临多重任务(例如，与配偶分居的同时，需要照顾幼儿；再婚的同时，又要照顾对方带来的正值青春期的孩子)。

家庭的生命周期不仅受到个人和文化因素的影响，这些个人和文化因素可能来自新家庭类型，而且还取决于社会经济条件以及每个家庭拥有的自我生命周期的具体表现。

接下来我们将分析家庭生命周期中的主要阶段。我们要牢记“关键事件”的标准，将关键事件作为我们对家庭进行“扫描”的重要元素，重新审视家庭的行为模式，将之作为新信息整合到家庭系统中。如果家庭对这些信息没有进行重组，则很可能会遭受痛苦、不适，甚至引发病态。

我们可以对家庭发展过程中的一系列重大事件进行标记，这可以从夫妻关系形成时开始(第二代)，同时要铭记，夫妻双方来自原生家庭(第一代)，并可能会拥有孩子(第三代)。根据卡特(1985)的观点，家庭中的一个或多个关键事件可以按照图 4－1 划分基本阶段。

● 恋爱关系确立	● 空巢家庭
● 结婚或者同居	● 孩子长大离开家
● 孕育宝宝	● 父母步入老龄
● 孩子诞生	● 孩子进入青春期
● 家有儿女	● 退休、疾病、死亡

图 4－1　家庭的生命周期

● 组建家庭

这一阶段的关键事件包括婚姻或夫妻之间建立稳定的共同生活关系。他们分别来自不同的家庭，在各自的原生家庭背景下，学习了不同的规则和沟通模式。因此，在这一阶段的婚姻关系中，夫妻双方要重新界定婚姻系统界限，对新规则进行磨合。在这一过程中，双方与各自的原生家庭规则逐渐分离。这一阶段较为重要的发展任务包括：夫妻身份的形成、夫妻与大家庭和朋友的关系、配偶和婚姻关系的重新定义。

为了顺利完成这一阶段的任务，你可能会遇到困难或阻碍。例如，新婚夫妇中的一方或者双方认为很难从自己的原生家庭中分离出来，与对方建立夫妇的身份认同；双方在从生活的各个领域寻找共同规则时感到困难重重(比如，如何建立家庭规则，如何管理家庭开支，如何处理与原生家庭其他亲属的关系，如何维系婚姻中的亲密关系)。

● 家有幼儿

孩子的出生对这对夫妇而言，无论是在内部关系还是外部关系方面，都是家庭规则的一次革命。为了迎接新生命的到来，这对夫妻必须抛开他们原有的界限，重新定义与外界的关系。此外，他们之间关系的定义也会发生变化，他们必须针对新家庭的特征而改变自我的角色：他们不再只是彼此的伴侣，还是孩子的父母。

这时，该家庭系统变得更加复杂，家庭组织可能存在的问题包括：妈妈是否选择外出工作；如果父母都外出工作，那么谁来照看孩子(如幼儿园老师、保姆、祖父母等)。

小夫妻发现这时几乎没有足够的时间过二人世界，孩子的降生带来更多的问题。很可能会发生这样的情况：孩子成为夫妻之间或者夫妻与原生家庭之间关系的纽带，家庭关系处于三角缠或亲子关系的位置。

当夫妻未能正确界定与原生家庭的距离，或者没有明确与原生家庭分离时，第一代可能难以接受“祖父母”的角色，否认其子女的育儿技能，但会倾向于把自己称为“爷爷奶奶或者外公外婆”。

如果家庭中的孩子不止一个，家庭将形成新的子系统，在第二代中会有夫妻子系统、父母子系统，在第三代中会有子女子系统。其中，如前所述，各系统之间必须有明确的界限，否则家庭的代际联盟可能会功能失调。

在这个阶段，如果存在危机，那么不正确的处理方式则很可能让危机伴随着儿童进入其社会化过程中。这时，家庭将进入外部的社会系统。这个过程或早或晚，可能会比较早(托儿所、幼儿园)，也可能较晚，但是终究无法避免。当然，也不能通过进入学校接受义务教育的方式避免。从这种互动中，家庭规则可以得到外部的社会组织、关系、交际模型、教育规则的确认；反之，家庭规则也可能因遭受外部攻击而失效。

家庭将根据它收到的信息变得开放，而与外部交互，否则可能会在封闭中被孤立、隔离。

- 家有少年

这是一个非常微妙的阶段，因为在我们的社会中，并没有儿童与青少年的清晰界限，没有任何仪式清楚地表明孩子已经告别了童年时代，属于成年人了。因此，家庭有必要增加边界的弹性，逐步放飞儿童，释放其天性。此时，家长对待子女的态度与行为方式错综复杂、千头万绪，家长必须调整以前的行为方式，重新校准对孩子的定义。因为此时，面对正值青春期的子女，家长既不能像对待儿童那样对待他们，也不能像对待成年人一样对待他们。

青少年是整个家庭中的一部分，他们遵守家庭的一般规则，但是随着他们慢慢长大，他们也要准备好离开家庭。可能的情况是，随着时间的流逝，孩子长大了，但是家长子系统无视孩子成长的信息，依然采用以前的关系模式，或者让孩子成为夫妻间消息传达的信使，或者通过孩子来定义彼此。因为孩子，他们晋升为父母，这会导致界限和角色的混乱，或者最终使父母关系变得强大，让人感到他们是家庭的“守护者”。

在所有这些情况下，青少年与家庭之间的脱钩、分离就很成问题，因为家庭内部发展起来的游戏非常强大，此时青少年做出的任何举动都可能需要极大的魄力和勇气。

这可以成为我们读懂青少年问题，甚至是处理青少年越轨与犯罪问题的关键。试图自杀、未成年人怀孕或堕胎、药物滥用、盗窃等问题通常是其他系统(同辈群体、社会系统)的影响与共同作用下的结果。因此，我们也将青少年时代定义为“成长中漫长的青春期”。

在这个阶段，夫妻必须面对的发展任务之一是，将注意力重新回到伴侣和自身上面，重新关注自己的目标。在互惠关系中，最需要考虑的就是放飞孩子后，自己可能像第一代父母一样，开始步入老龄化。

- 空巢家庭

在这个阶段，孩子长大成人，离开家，孩子的退出是家庭的关键事件，父母要学会接受与孩子的分离，这可谓父母的任务。父母需要做好心理准备，通过不断相互调整以适应和以往越来越多的不一样，这个过程既可以影响放飞孩子的方式，也会影响其成功性。事实上，可能发生的情况是，该家庭系统可能无法重新定义与孩子分离后的家庭关系，并且与孩子分离不是由于下列原因引起的：父母问题(抑郁、焦虑等)或儿童的症状(有问题行为，需要父母延长照顾)。

这要求家庭进一步增加其边界的灵活性，使代际和个体都能面对现实，承担起家庭中的新角色。这样，父母与子女之间的鸿沟才会逐步缩小，互相更加了解。这样，家庭成员之间的互相理解就不是以角色为基础，而是基于作为人的自然本性，如男性和女性，每个人都拥有的自己的内心世界。

此时，重新定义夫妻关系变得越来越重要，因为夫妻之间的关系不再依赖他们的子女，子女也不再作为夫妻关系的稳定剂。在夫妻关系形成时就出现的问题，事实上从未完全得以解决。而这时，逐步老龄化的第一代人需要越来越多的心理和物质支持。

- 父母步入老龄

家庭在这一阶段的关键事件可以是退休、疾病，甚至死亡。夫妻一方或双方退休可能导致夫妻关系失衡，需要重新就家庭的内部规则进行磋商，重新定义各自的任务及个人空间。此时，第一代扮演至关重要的角色，可能要通过参与其子女和孙辈的生活来实现其价值。

然而，这时家庭对健康的需求会增加，因为人的健康状况会随着岁月流逝而逐渐恶化。值得注意的是，这种向老年父母提供支持的能力也与前几个阶段中家庭关系的质量相关。

第三节　多问题家庭

在生理学特征上，家庭历史是持续的进化过程，也是不间断的适应过程。当家庭面临问题时，家庭成员可以转向社会机构求助。在一些家庭中，这些过程及相关的动态关系表现为强烈的不适、紊乱，甚至功能障碍。

在心理社会学对贫困和偏差问题研究的背景下，“多问题家庭”这一概念产生于20世纪50年代，其界定是“存在各种问题，与各种各样的服务机构接触，需要多种措施长期干预的团体”（Malagoli Togliatti and Rocchietta Tofani，1987：34），或是由2个或2个以上的人组成家庭组织，在特定时间段(3～5年)内，其中超过50%的成员需要社会、医疗或法律方面的有关服务(Malagoli Togliatti and Rocchietta Tofani，1987：35)。

随后，研究人员一直持续关注并对这种家庭类型进行研究，重点关注其特定方面(Malagoli Togliatti and Rocchietta Tofani，1987；Garavini，1990)，并从这些分析中发现了一些特征：

(1) 在物质生活环境方面，这些家庭的住房状况非常糟糕，甚至岌岌可危，这一特征是这些社会弱势群体最敏感的指标之一。其他方面还有：就业层次较低，经常打零工、打黑工；从事违法活动；依靠社会救济维持生计。在经济领域，除了被剥夺和边缘化之外，多问题家庭往往与文化背景格格不入，成为不同文化背景的受害者。

(2) 家长的教育程度普遍偏低，没有专业技能，无一技之长，工作不稳定。这可能导致家长对孩子的生活问题不管不问；当学校反馈孩子的问题时，家长置若罔闻。

（3）家庭内部缺乏凝聚力，家庭系统通常处于与社会隔离的状态。在此背景下，家庭成员都倾向于寻找可以得到支持与共享的个人或组织，他们与这些个人或组织有共同的语言和行为方式，而这些个人或组织的行为经常偏离社会规范，与家庭所处的社会价值观存在偏差。

（4）家庭在面临新问题时，家庭系统非常脆弱，处于岌岌可危的失衡状态。例如，生命周期的所有阶段都可能有严重的危急时刻，随之而来的是向外求助，获得外部帮助。

（5）在这种类型的家庭中，可能有一系列特殊的结构，如结构分散或者结构混乱、组织无序，家庭缺乏准确的自我认知（混沌），家庭功能失调。

（6）家庭内部的交流特点是彼此缺乏倾听，不愿意相互交流，或者对家人的沟通反应冷淡。父母与子女之间的关系混乱，世代界限不明确。未成年人的成长氛围不良，父母态度含混、充满矛盾，缺乏对子女的正向激励（Bortolotti in Grigoletti，1998：61）。家庭的日常生活不能井井有条地开展，生活节奏紊乱（如用餐时间、睡眠时间不规律），无法保证家庭成员基本的生活需要（清洁、洗衣、做饭），家庭事务的管理充满随意性。

对此类家庭服务的分析报告表明，多问题家庭大多不会承认其问题，如果不是需要经济援助，他们通常不会迈出寻求外界帮助的第一步。如果福利机构对多问题家庭中的一个问题提供服务，那么他们就希望机构服务能够回应家庭生活中的所有问题。发现多问题家庭需求的往往是机构，特别是学校，他们向服务机构报告这个家庭及家庭成员的困难与窘境（Bortolotti G.，Galli D. and Garavini C.，1994）。

有学者强调，多问题家庭的另外一个特征是，在援助过程中，援助方式的使用几乎与该人员所遇到的困难无关，并且完全不足以回应问题家庭的经济状况（Cirillo and Cipolloni，1994：51）。这个家庭不是像我们想象的，积极与服务机构建立良好、实用的关系，以在合理时间内克服其所遇到的困难，而是倾向于将服务机构"引导"到他们的生活方式和家庭关系中，并将其作为情况恶化的理由。

因此，多问题家庭与服务系统（或与支持机构）的关系，往往表现为问题家庭无法利用支持机构提供给他们的机会来改变现状。这就建立了一个支持性援助体系，这种体系不论在家庭系统中，还是在社会福利系统中，都会引发慢性病态和挫折感。这些系统之间关系的建立并不是问题家庭自愿选择的，而是由困难与问题决定的。

一项有趣的研究运用家庭游戏的隐喻，对大约 50 个多问题家庭进行了研究，这些家庭是病态家庭，或者具有可能成为病态家庭的风险。研究结果显示，这些家庭的病态水平体现在两个方面：社交和心理(Cirillo and Cipolloni，1994)。

“社会病态”意为“在三到四代的家庭生命周期及其成员的互动过程中，即使有足够的条件摆脱贫困，他们也会常常将贫困作为战略性因素，将贫穷用作他们不可逆转的现实，将贫困作为自己的显著特点”(Cirillo and Cipolloni，1994：49)。成年人或夫妻利用贫困和衰败状况，试图召回一个或多个家庭成员，引起虔诚和同情，或作为惩罚和羞辱家庭成员的手段。

有意思的是，这些信息的接收者是长期与家庭存在激烈冲突的家庭成员，这一冲突从未明显地表达出来，他们的挫折经常被否定。有人解释，明显的家庭冲突是经济困难和社会衰退的影响，而不是其原因(Cirillo and Cipolloni，1994：50)。

在“心理病态”方面，研究者发现，受到影响最大的是第二代受访者，他们普遍存在情感和人格障碍。他们都具有的共同特征是“在童年时代，他们会感觉受到了严重的情感剥夺，并坚持(即使秘密地)报复他们的父母和兄弟姐妹”(Cirillo and Cipolloni，1994：51)，同时“对原生家庭特别理想化，个体意识不到现实的极限，不切实际”(Cirillo and Cipolloni，1994：52)。

在生活的道路上，如果他们遇到能修复其期望的伴侣，新家庭就很容易步入正轨，这样他们就无须进入社会福利系统，这是有利于整个家庭的。如果伴侣自身也陷入窘境，则他们就会逐渐发展为具有冲突关系的夫妻，互相将失败归因于对方的不足。这些夫妇对他们子女的态度是不太关注的，或者说这种关注不稳定，缺乏连续性，这主要是因为其与原生家庭关系的纽带往往是孩子。夫妻发生冲突时，战火会很快烧到一方父母那里，于是祖父母会很快加入战争，使争执成为扩展家庭之间的冲突，结果使孩子成为父母和祖父母冲突中使用的工具(Cirillo and Cipolloni 1994：56)。

第五章

情境分析

为了正确实施助人过程，我们有必要收集与案主问题相关的各系统信息。这些信息至少有三个层次：

- 社会环境信息；
- 机构信息；
- 案主信息。

图 5－1 表达了不同系统之间交织关系的重要性，可以作为一个心理前提，从系统角度开展情境分析。

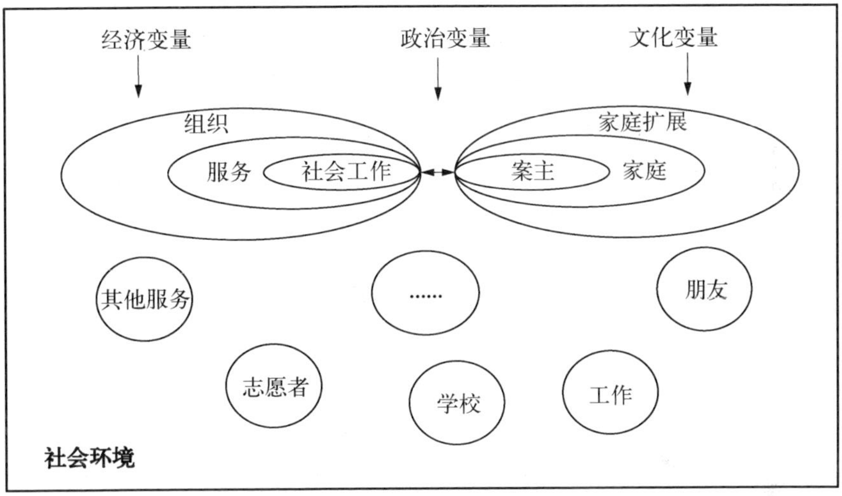

图 5－1　不同系统之间的相互作用

通常，我们强调系统性分析，始终重视整个社会环境，包括宏观和微观两个层面。分析社会环境有助于界定案主和案主特征，提供服务，并塑造案主与其他社会参与者之间的关系。

根据德·罗贝蒂斯(1981)的说法，在这个系统中，社会环境不仅包含机构和案主，还包括更广泛的系统和要素，因此，社会工作者要不断更新系统分析的信息。社会工作者需要了解其所处的特定环境，全面熟悉各种社会现象，及其可能会对社会产生影响(指组织成长的环境)的信息。

前面两方面的信息是“记忆”信息，即社会环境和机构的信息已经存储在大脑中，可以在大脑内存中作为已存储数据而不断更新，更新内容取决于事件发生的时间及其社会变化。与案主有关的信息可以在他提交请求时收集，或者在通知后与其联系。

第一节　社会环境

对社会环境进行分析是社会工作者履行角色职责的基本方面。如前所述(Watzlawick，1967)，每次交流沟通都可以进一步了解社会环境，加深对所在区域的认知，这将有助于在个人工作层面和社区层面采用整合方法。这里需要强调的是，这些数据不应仅是环境方面的理论知识，也不应该是对整个社会文化和政治方面的刻板印象，如果将这些信息绝对化，那是非常糟糕的。这些信息应该是在彼此关系与相互影响方面的相对信息，是我们建立假设的有效元素。案主的家庭生活环境就是案主家庭组织建立的背景，每个家庭在家庭关系、既有问题、资源等方面都具有特殊性。

事实上，我们需要注意的重要方面是，“家庭结构关系并不独立于外部的社会环境，而与外部更广泛的组织及其成员之间的关系息息相关”(Fruggeri，1997：65)。

知识体现在不同层次(Martini Sequi，1995)：

(1) 地域概况。社会工作者的服务领域通常呈现区域化，在处理问题前需要了解区域特色，熟悉所在区域结构的基本数据(边界、形态)，还包括半结构化信息(通信网络的构成、工厂聚集在哪里、城市结构的特征、是否存在危房、人口和住宅建筑情况、公共绿地、非聚居区域等；而对于非城市区域，需要了解居民集中居住情况、偏僻地方的居住者情况)。

(2) 人口统计资料。在人口层面，应分析人口统计的一般数据，除了性别、年龄、职业、出身、家庭规模外，还要了解出生率、死亡率、结婚率和人口流动情况等。

(3) 职业概况。有必要了解当地主要的职业类型(农业、商业、工业、第三产业)，就业趋势如何，青年人的就业机会如何，以及女性、弱势群体的就业状况。此外，还有养老现状、移民的流动状况等。

(4) 服务状况。了解本区域内公共及私人的社会教育状况、社会福利与公共医疗服务、娱乐文化、合作关系的建立和网络的构建，以便处理问题和利用社区资源。

(5) 机构概况。分析所在区域内各机构的分布及其动态特征，市政府和地方卫生当局行政管理类型，既有的社会政策，哪些地区或服务覆盖的范围最广泛，哪些地区被忽视，这可能尤其重要。还有必要分析公民的参与状况，如其参与是否符合预期、参与的形式、参与的有利之处。此外，还须对人们的响应类型进行评估。

（6）心理状况。将社区及其社区关系作为整体进行分析，掌握这个系统的开放/封闭程度、互动和整合程度，以及社区的互助协作能力。在此环境下，团结网络才能发展，自愿和自助团体才能成熟。同时，我们也需要了解是否存在被群体拒绝、边缘化和孤立的情况。

（7）历史和人类学文化概况。如果历史维度的分析有助于理解社区发展，那么我们可以从人类学的视角来了解并解读社区文化，特别是在了解价值观和模式体系方面，此视角提供了有用工具。

正如前面所强调的，环境特征受社会的普遍性问题、区域和/或国家发展（经济危机、福利政策等）等影响，社会工作者必须仔细考虑这些方面可能产生的影响。在提供的服务方面，社会工作者还要充分考虑所在领域的特殊性，这样才能深入了解，从整体上认识社区各方面数据的特征及其共同含义。

环境信息可以帮助我们更好地分析个案情况，有利于解决案主遇到的问题。同样，我们也可以在实践中概括总结出某类问题的解决方法，在多元化目标体系中找到各个案例中的共同要素，这样就能在工作中有的放矢，也可以将这些概括出的共同内容用于社会宣传，以预防问题的产生。

社会工作者在提供服务时，还需要分析服务机构的情况。这方面内容我们已在第三章里阐述。

第二节 案主信息

社会工作者需要分析案主的情况，显然，在案主从提出服务请求，或社会工作者从第一次联系案主的那一刻起就可以收集相关信息。

如前所述，案主系统是基本要素，对这一系统的分析非常重要，该系统的特点是功能失调，而社会工作机构正好可以处理这种问题，可以通过专业干预来稳定案主系统。因此，有必要分析案主系统关键问题中的重要关系，获得最佳条件，构建干预项目，克服功能障碍。

我们需要遵循已有的理论模型，分析情况，获得更多信息，而不仅局限于提供信息。我们可以将提供信息定义为通过语言来提供内容：一方面提供描述性的“编年史”信息，将信息重新构建为元语言；另一方面提供评论性信息，这有利于提高对案主系统的认识。

我们的注意力主要集中在当下，以及对案主自我系统或与其他系统的分析。过去，那些影响每个个体或系统历史的事实是重要的，我们要善于区分事件事实和关系事实。

事件之间的重要性是有差异的，有些事件比其他事件更重要，针对性更强，因而更具有一般意义，但是指示性因素无论如何不是事实本身，而是系统的反馈，结果被系统重新组织。因此，得知这些信息后，我们不仅要关注案主及其“问题”，还必须理解主体与其环境之间的关系，使用系统调查技能。事实上，在助人过程开始时，社会工作者要发挥杠杆作用。如果拥有这样的一般信息背景，社会工作者将能够专注于情况，而不会忽视生态系统。社会工作者通过访谈收集更多信息，以便对情况进行评估，制订干预计划。干预计划需要考虑到所涉及的各个层面以及各个体系的相互影响。

我们可以观察家庭中的个人、家庭网络或社会背景中的家庭，还可以观察服务中的社会工作者、机构中或在社会背景下的服务，以及社会工作者和家庭作为系统与服务、社会背景的关系等。

为了制定干预项目的目标，我们需要进行评估。此时，社会工作者需要专业好奇心，并在其驱使下，努力看清障碍，填补理想和现实之间的差距，并将这些信息通过合理的假设进行联结。

达尔 · 普拉 · 庞提切力（1987）警告说，如果没有充分调查问题的性质，不了解导致问题的原因，就立即采取解决方案，这是存在风险的。如果未充分重视这些方面的重要性，这意味着不能理解案主的问题，不能帮助他从对事实的描述转向解释问题的根源。社会工作者要运用同理心，与案主产生情感共鸣，思考并寻找问题的原因。

在分析情况时，一线社会工作者可能会与不同的案主面谈，并从他们提供的信息中获得冲突性信息。正如洛温伯格（Lowenberg）所说，我们不是去评判社会环境背景，而是努力发现问题的真相。但一线社会工作者在收集信息时，会更倾向于接受那些与其所思所感最接近的消息。

社会工作者最正确的态度是充当一面镜子，反映案主在不同环境中的不同图像，并帮助案主理解他的某些态度或行为，以及如何看待别人的评价与他对自己看法之间有何不同。我们需要多样的信息，将收集到的信息与以前获得的信息联结，充分考虑各信息之间的联系。

社会工作者向案主解释收集到的信息，及时澄清问题，这表明对案主作为主体地位的尊重，表明社会工作者没有将案主作为调查对象，而是助人过程的积极参与者，因此这一解释可谓最好的工具。这些经过解释的信息也同时为案主提供了新的机会，让案主看到了不同的视角。

此外，我们不要忘记尊重隐私权，严格控制掌握的相关信息。有些信息在使用时需要得到权利人的明确授权，尤其是涉及未成年人或无行为能力人时，我们至少要提供保护方面的信息。

社会工作者不是私家侦探，即使获得了非常有价值的信息，也由于不知道如何披露信息的来源渠道而感到非常麻烦。如果一定要保密，是要冒一定风险的，而且这些信息在一线社会工作者头脑中会先入为主，就像过滤器一样阻止他看到现实，从而成为偏见。

应该记住，信息收集是方法论过程的第一步，也是基础，但是实际上信息收集是伴随整个助人过程的活动，因为通过不断地收集信息，社会工作者可以对评估进行更新，并及时调整干预对策。这个过程也是一种双向交流，如下所示：

- 通过提出问题，社会工作者可以在系统中输入信息，帮助案主更好地理解他的问题，提出事件之间的联系，发现尚未探索的方面，这样有利于发现新思路；
- 社会工作者在分析情况的同时，可以反过来交流工作方式和他认为与理解现实有关的信息。

第三节　与案主第一次交流的信息收集

本节将聚焦信息收集。社会工作者第一次与案主面谈接触是一种特定类型的访谈，将在与访谈有关的章节中讨论。

社会工作者是在特定组织中的实务操作者，随着时间的推移和工作的展开，他可以进行一系列实践活动，收集对提供服务有用的信息。这些信息意义重大，社会工作者可以对信息特点进行总体性反思，提供标准化的评估指标(如经济状况、健康状况等)，旨在帮助判定是否应该提供某些服务。在这个阶段，如果社会工作者在收集资料的时候态度敷衍，采用官僚作风，只是为了完成一项组织任务，那么这一过程就只不过是社会工作者在满足专业好奇心，走个过场而已。如果一开始社会工作者并不受到案主欢迎，那么可以利用同理心来改变不被接受的状况。

我们认为，当案主提交请求或在通知后与案主联系时，至关重要的是要收集与案主有关的信息。获得信息的渠道多种多样，有些时候信息并非来自官方渠道，这可能会危及或限制干预的可能性，让社会工作者先入为主，产生偏见，或者至少影响第一次建立的专业关系。社会工作者很难忘记这种偏见或假装毫无偏见，此时应尽快将其偏见传达给案主，以便案主能及时表达意见。如果没有这种可能性，社会工作者与案主之间的关系就会出现矛盾：社会工作者与案主双方基于不同背景处理信息，案主在“此时此地”被“评判”，通常这种评判无法显示专业性。在对案主的每一种行为进行衡量时，都可能基于社会工作者无法控制的信息，并且如果行为与预期行为不同，特别是负面行为，则会引起怀疑，从而加深偏见。

当案主寻求帮助，并试图让社会工作者参与进来时，也会出现类似的问题。案主告诉社会工作者自己的秘密，并要求社会工作者保密。社会工作者此时就会处于左右为难的境地，因为一方面不能使用、传播这些需要保密的信息，另一方面又不能假装不知道。这些信息指导社会工作者开展调查，但社会工作者不能在专业关系中管理这些信息。

在这种情况下，社会工作者要在案主试图传达“秘密”信息之前阻止他们，并试图找出原因。案主想要向社会工作者透露“秘密”的动机是什么？如何将这一行为放置在关系游戏中？如果社会工作者没有为案主的消息保密，案主会如何反映，他的态度可能是什么？如果其他人知道，会发生什么？

这些态度代表了社会工作的专业性，调查领域既要关注整个生态系统，又要强调其中的重点部分，关注“此时此地”发生的事情，既不忽视过去，也不强调未来。

调查研究的目的是发现个人与环境之间的关系，强调哪些是功能性的，哪些是功能失调的，各体现在哪些方面。因此，收集信息旨在了解情况，西里洛(1986：15)也肯定了这一方面。他认为，“在我们不了解家庭正在经历危机的性质之前，你什么都不要做(如支付账单、找工作、与学校老师交谈、申请公共住房等)”。这意味着要在了解共性中，掌握案主遇到困难(文化、社会、经济)的特殊性与核心。

因此，我们将更多地关注关系事件或信息的真实事件，即在系统中引起重大差异和反馈的事件。例如，在某个家庭系统中，与处理家人故去的事件相比，他们会发现可能应对家人工作上的变动更困难。通过信息收集可以发现，在我们的观察系统中，哪些事件被系统认为是重要的，系统成员处理问题的能力如何，他们认为哪些事件属于有难度的领域。

对案主及其归属的系统，通过与机构的协议而进入服务系统中，特别是面对社会工作者及其提问，这是一种真实的事实，我们可以从关系的角度来看，可以激励案主打开自己，解决某些复杂化的关系。

显然，收集关键信息很重要，但更重要的是如何解读收集到的信息。在这些关系中，一线社会工作者必须知道要寻找什么，为此必须有一定的参考模板。一线社会工作者在这些参考模板下收集信息，并将答案自动整理，同时，也要具有柔韧性和灵活性，不断审视并修改心理预设。

我们可以将案主向外请求服务介入视为家庭关系游戏的最新发展，我们必须努力了解是谁发出求助的信号，为什么要求助，求助的请求发生在哪个特定时刻，求助的原因是什么，求助过程提出了什么样的关系效果，以及为谁而定。当家庭决定开始寻求外部帮助，这表明一个或多个家庭成员认为家庭系统功能达不到预期，在与其他家庭成员的亲密关系或距离方面，无法维持他们的期望，这样就可能导致家庭系统治疗师或社会控制者的介入(Crampbell，Draper，Crutchley，Gurman A.S. and Kniskern D.P.，1995：399)。访谈的目的是试图了解家庭成员如何看待家庭结构、家庭组织的意义。

在与案主刚接触的第一阶段，可能有多次见面，社会工作者应该能够：

- 与案主建立卓有成效的关系；
- 允许案主澄清其需求；
- 确定案主的需要是否属于社会服务；

- 了解除了明示的要求外，是否还有其他未表达的要求；
- 确定哪个问题具有核心作用(用于定义召集人的有用信息)；
- 初步假设正在进行的家庭游戏。

为了实现这些目标，我们将信息收集起来并划分为多个领域，这会大有裨益。其中每个领域旨在探索关系的某些方面，有助于我们随后找到构建假设的重要元素。

这是第一次全面调查，下面内容可供参考，下文也将详细说明。收集信息的重要领域是：

- 申请人及其家属的个人资料；
- 与环境和社会背景相关的因素；
- 转介信息；
- 关于问题的信息；
- 分析需求。

在第一次接触结束时，我们实际上可以获得有用的信息，建立初步假设，在此基础上定义“与谁访谈”“如何访谈”和“需要做什么”。

一、申请人及其家属的个人资料

我们看到，每个家庭都有自己的关系规则，家庭是在这些规则基础上运转的，这些关系规则让家庭系统保持稳定性或稳态，并且规则通常与家人所处的特定生命周期阶段相关联。每一个新阶段(初建夫妻关系、婚姻关系；第一个孩子出生；涉入青春期；与孩子分离；步入老年)都需要对前一阶段的规则提出质疑，将其替换为新规则以适应新阶段。

当家庭规则出现偏差时，通常家庭会出现不适症状，这是家庭生命周期正常接续的中断。向外求援则标志着家庭正在克服这一阶段存在的问题，这也是进化困难的表现。

意外有时会从天而降，与危机事件一样无法被预测(疾病、死亡、失业)。这些意外破坏了系统平衡，加剧已有的关系。

基于这些考虑，个人数据将成为重要信息的来源。出生地、出生日期、婚姻情况(同居、分居、离婚)、子女数量以及出生或离家时间，这些信息都可以帮助我们分析家庭的生命周期，目前正在经历的、至关重要的核心事件，遇到的困难以及前面待克服的问题。在收集完这些资料后，我们可以了解家庭各成员的职业情况、家庭的社会经济地位，这些都将成为获取关系信息的线索。

我们需要了解家庭的历史事件（迁移、亲人离世、重大危机等），案主或其亲属认为与他们的个人生活或家庭历史特别相关的事件，这些信息不仅本身有价值，而且也有助于分析家庭的关系模式。通过这种方式，我们可以了解家庭的关系模式，并且能更好地理解为什么目前的困难无法克服。

每个社会工作者通常都有文案，或多或少用组织的文档来记录日常工作，我们姑且不评估这一优劣，但还是建议使用一种工具，例如基因图、家庭树等记录方法。

基因图是“记录族谱的一种形式，记录家庭成员及至少三代人之间的关系信息。基因图以图形方式突出显示家庭信息，使人们能够快速了解复杂的家庭模式”（Mcgoldrick and F.G.Gerson，1985：1）。

还可以建立家庭地图（家庭树），其中包括三代家庭成员的性别、年龄等信息，家庭成员的亲属类型用符号表示（Santi，1984：138）。以图形突出显示分离、死亡、共处等，每个一线社会工作者都可以找到自己的方式，唯一需要注意的是同一代家庭成员之间要按照同样的路线进行标记（Zini M.T. and Miodini S.，1997：72）。

这些工具帮助我们思考家庭系统是如何形成的，相当于给现在的家庭状态拍“照片”，这有助于保留信息而不至于丢失，不会被案主牵着鼻子走，因此有助于达成与案主不同的结论。因为案主会用自己的方式选取信息，社会工作者由于受过专业训练，很可能与其观点不同。此外，基因图可以“超越血缘关系的概念，包括‘亲家庭成员’，即在家庭生活周期中发挥了情感和功能的人，是一个制度性的角色”（Montàgano S. and Pazzagli A.，1989：58）。

特别是在处理复杂的家庭结构时，基因图能够描绘家庭的关系网络，表达出时间的推移，促进可能联结的愿景，并为构建假设提供思路。不仅如此，“这个基因图的相关性源于这样一个事实，即我们可以从现在的视角去审视该家庭代际的延续，即此时此地当事人的感受与想法，以及属于该家庭系统的个人行为”（Montàgano S. and Pazzagli A.，1989：59），由此可以推导出家庭的进化路径。因为重新审视家庭发展史有助于我们更加深刻地认识该家庭，也帮助我们在所有要素的基础上，更好地阐述问题，从而构建更优的介入策略。

二、与环境和社会背景相关的因素

我们已在前文阐释与这一点有关的内容，并提供了特定家庭所处社会环境背景的具体框架。

生态图是揭示家庭和环境之间相互作用的可视化工具，非常具有实用性（Santi，1984：136；Zini and Miodini，1997：73）。它以图形方式表示家族维系关系的重要系统，用符号突出显示现有关系的类型。这些系统（学校、工作、社区、公共和私人社会健康服务、朋友团体、熟人或志愿者）可以成为评估和干预项目中的资源或制约因素，既可以作为目标系统，也可以作为行动系统。

三、转介信息

“转介”这一术语以及各种类型转介的概念来源于塞尔维尼（Selvini，1980）和洛列多（Loriedo，1985）在治疗方面所做的研究。我们认为社会服务也存在同样的问题，但是这一点很少受到关注。我们对转介的定义是：将案主“发送”给恰当服务，帮助案主找到协助他解决问题的路径。

在部分机构的社会工作者台账中，有些填写着“由谁报告”或“由谁发送”的项目，但是转介发生最多的情况是在检查社会工作者与受转介方之间的关系时，认为受转介方的专业领域更加有利于解决案主的问题。

因此，我们需要充分考虑案主与接收转介方当前的情况，问题将涉及转介方的服务信息、该案主当前需要解决的问题、这两者之间的关系类型、服务的关系、转介在服务中的参与程度/纠缠程度。这些信息的获得将有助于一线社会工作者与案主建立更加清晰的关系，并且在面临转介时可以采取恰当策略，保护案主，使干预计划免受失败的危险。

现在我们将分析一些可能的转介类型，从那些不构成问题的转介开始，因为这也涉及适当的处置方式。

“无利害关系”的转介是在评估了需要解决的问题之后，将该案主转介给有能力的服务者。评估的社会工作者并不参与到以后的服务中，因为评估者与被转介者合作可能会很麻烦，甚至会成为干扰与冒犯。相反，如果转介者对个案情况很感兴趣并愿意“参与”合作，此时如果不及时转介，那么案主很可能不进行委托，导致转介失效。

还有其他类型的转介会给社会工作者带来麻烦，严重干扰他与案主之间的关系。

“元”转介是转介者倾向于将自己置于与一线社会工作者和/或服务有关的元层次，并能够控制转介的人。在一般情况下，转介者所处的层次与位置更高，他们可以凭借其与案主建立的联系，推荐或要求社会工作者或团队的目标、方法、干预项目，控制社会工作者的服务。这种类型的转介来源可以是政治任务、业务负责人、医生，因为其职业或者所处的位置会给接受转介的社会工作者带来困难，特别是在当地的环境下。事实上，社会工作者既需要在专业领域内保持并处理好与案主的关系，同时也要与可能转介过来的机构或部门保持良好关系。因为在公共福利领域中，为了案主利益而通常不拒绝转介，所以社会工作者在开始处理转介内容之前，有必要清晰明确地了解自己的立场和元转介机构的立场，以避免两者之间有差异，因为这可能会破坏随后的干预项目。

对抗式转介与上述类型不同，转介方通常与接收方的社会工作者或服务处于同一级别。通常，转介方与接收方不直接沟通，而是通过案主取消其提供的服务和干预资格。此时，转介方通常在服务机构内部工作，与社会工作者所在机构处于同一级别，并且通常与接收方保持关系。如果没有正确处理这种关系，就会存在一种风险，即案主像是渔翁，在转介方与接收方两者的争夺中，“鹬蚌相争，渔翁得利”。

卷入式转介是社会工作者参与到案主问题的解决中，像是家人一样不分彼此。此时，我们需要考虑的是案主解决了问题，但是他已经不能再提供有效帮助，因为他已成为稳态系统内部的一员。因此，外部干预具有双重目的：让案主家庭得到帮助，并通过这种方式，让案主摆脱困境。在这种情况下，社会工作者很可能发现，案主家庭中的一个成员或者全家与其他社会人士关系密切(如全科医生、物理治疗师、教育工作者、志愿者)。也正是这些人将案主家庭转介给社会工作机构，社会工作者通过这些转介的外部信息了解案主家庭。此时，社会工作者需要及时肯定这些机构为案主所做的事情与付出，让他们放心，并告诉他们，即使他们以后不再介入，社会工作者也不会抛弃案主。向这些机构表达这一点非常重要。

有些转介在实施时会功能失调。更具体地说，我们可以区分一些特征模式。

侵略式转介问题很大，因为它通常来自在服务方面处于优势地位的人，并针对存在功能失调关系的人。在转介模式中，内容(即案主)将重新尝试定义其相互关系。这有时会浪费时间和精力，而案主可以利用侵略式转介来抵制改变。

内疚式(有罪式)转介，即转介者将案主问题模式归因于所处的困难环境。一个典型的有罪转介是学校将儿童的不适归因于家庭环境。在这种情况下，有必要避免接收转介者传达的片面信息，并分析其关系、转介系统中的问题。

最后一种转介模式被定义为“通用模式”，即案主不明确解释转介原因。因此服务会面时将充满焦虑和担忧，案主往往会提出保护性要求，甚至会反馈出敌意和不自在的感觉。社会工作者应该考虑到这种情况，试图在第一次接触中提出对转介的看法。

四、关于问题的信息

社会工作者提供服务的过程也给了案主一个暴露和表达自身问题的机会。在社会工作者和案主接触之前，这些问题是零星分散的，案主深受其扰，没有人对这些问题详细分析和认真思考。案主寻求社会工作服务的决定似乎也是一时冲动，案主无法承受现实之重，迫切需要摆脱目前的焦虑与急躁。

社会工作者与案主第一次接触的目标之一，就是要与案主建立有意义的专业关系，并接受案主的焦虑。一旦案主的情绪突然爆发出来，社会工作者不要让自己被这些焦躁的负面情绪淹没，而是需要想方设法还原整个问题的全景。案主在陈述问题的时候可能杂乱无章，因为此时他还不一定成为我们的案主，他展示问题的形式往往大于内容本身。

社会工作者需要理解案主的问题，在与案主建立专业关系之前，需要尊重案主自决性，明确专业关系类型。因此，社会工作者必须采取行动，与案主进行访谈，以获得有用的信息来分析情况。一线社会工作者通知案主他将为解决问题而采取的实施步骤，并为案主提供一种揭示其问题的不同方式。

我们必须对案主提供的信息进行解码，并确定干预项目中必须解决的重大问题。事实上，我们需要确定关键问题是什么，而这个问题与一线社会工作者的愿景有什么关系，但是问题不一定与案主的意义系统相一致。例如，我们假设没有稳定工作会带来一系列问题，此前提会限制并误导社会工作者的行动。事实上，全球有数以百万计的人靠打临时工来养家糊口。意识到这个事实就非常有意思，社会工作的假设似乎与社会普遍的态度并不一致，甚至偏离，但是这些假设使社会工作者更贴近案主的意义系统。当然，这种假设不应该无限制地扩展，不能损害他人的完整性，不能侵犯他人的权利。

在第一次接触中，案主向社会工作者提供信息、阐述问题，社会工作者需要关注问题的起源、发展及其呈现方式。

社会工作者可以提出下面的问题：

- 问题已经存在多久？
- 问题出在谁身上，是谁的生活遇到问题，它带来哪些困扰？
- 在家庭以外的更广阔范围内（亲属、朋友、机构及其他重要系统），谁卷入了这个问题？
- 为了解决这个问题，谁尝试改变，谁第一个付出行动？
- 有没有尝试解决问题，效果如何？如果多次尝试不奏效，结果如何？
- 这是否是家庭通常使用的关系网络？
- 家庭有哪些资源？

这些问题可以让社会工作者了解案主采取了哪些应对措施，已经使用了哪些资源，有哪些原因妨碍了积极成果的取得。此外，社会工作者还需要了解是谁向外界提出的服务请求，服务系统是否接受了求助申请，申请人和家庭系统对社会服务有何期望。

社会工作者还需要理解案主表述时的语气、音调和内容之间是否有任何不一致之处，这是很重要的。

最后的指标必须经过验证，这样社会工作者就能找出哪些因素能影响一线社会工作者的注意力（观察者、观察到的内容，还是两者之间的关系），是特定时刻的结果，还是它反复出现的循环模式。

事实上，如果要使这些观察能够具有解释性和操作性，观察到的现象就要具有重大性，不能是偶然的、零星发生的事件，而要是反复发生的事件。

五、分析需求

个人或家庭团体向社会机构求助时，通常需要分析他们的情况，了解为了解决问题还有哪些资源没有被运用到，明确案主需要接受帮助的领域。在这个问题解决的过程中，社会工作者应“积极寻找解决问题的方法，证实个人的应对能力”(Fruggeri，1997：212)。

社会工作者接受案主的请求后应特别关注以下方面：案主向外界的服务机构求助是一种能力；案主阐述问题的能力如何；社会工作者即将介入关系游戏的内容如何；在以往的服务中，案主自身有哪些努力和贡献。

与让人们通过问题猜来猜去的、隐性的请求相比，我们更欢迎显性的、直接的求助，这可以让案主与服务机构建立起联系。通常，不要一开始就一股脑地提出过重的实质性问题，而是循序渐进地，试探性地提出简单的问题，然后不断地提出更加细微的要求。如果案主向外发出求助信号，意味介入案主系统的时机已成熟，案主系统准备好接受其他系统帮助，具备介入的可能性。此时，我们不需要对案主系统进行任何强制，他们不会逃避问题，而是明确提出求助的请求。如果社会工作者此时对案主的问题置若罔闻，就很可能导致问题或症状更加严峻，所以社会工作者需要有问题意识，对案主启动服务程序。

有人对社会工作者和案主之间的关系提出假设，认为两者关系是“和谐一致的，一线社会工作者运用专业技能为案主提供需要的资源，满足其需求”。这种逻辑认为社会工作者与案主的关系总是卓有成效的，有助于服务的提供(Fruggeri，1997：212－213)，但是事实并非如此。

我们有必要考虑的是，案主请求的类型可能会决定双方建立关系的类型，一线社会工作者在启动服务程序的时候，需要考虑案主提出申请的类型。

有学者收集了社会工作者收到的各种申请，并将这些申请进行归类，建立了四种不同类型的背景或情境(D'Adda and Gallione, 1983)。

(1) 信息背景。如果求助请求来自提供的信息，此时社会工作者可以提供服务，但是这种关系并不稳定(社会秘书处)。如果社会工作者确认信息咨询是建立服务关系的一种方式，那么就启动助人程序。

(2) 咨询背景。这种类型的特点是案主自由主动地提出求助要求，希望与社会工作者合作解决问题，缓解不适等症状。这多数情况是面临突发事件，急需干预，否则该系统无法恢复平衡。此时，一线社会工作者有空间、有机会与案主的家人建立合作关系。

近来，这种类型的需求正在增加，特别是父母离异后与子女分居，导致监护问题、子女教育问题；与社会变革密切相关的传统育儿模式被破坏；青少年问题和夫妻关系危机。

(3) 援助背景。这种类型的求助通常基于重大关系失衡，很难在重大关系中有所突破。

此类需求通常具有的共同特征是：

① 长期性。这种类型的系统似乎相当稳定，我们既看不出谁是患者，也发现不了任何症状。但是从种种迹象表明，这一系统处于功能失调的状态，有时候我们是从系统接收的服务中窥见，比如，系统同时需要多项不同专业的服务。

② 关系游戏中有实实在在的物质需求，一方面是症状，另一方面是家庭对问题毋庸置疑的解释。

③ 同时或连续提出多项请求。

④ 只对明显的改变有所反应(改变一切，同时保留一切)。

这四个特征似乎告诉一线社会工作者，必须接受这个家庭系统的符号，否则无法对这个家庭系统进行控制。因此，社会工作者会发现，如果要介入这个家庭，就需要使自己成为无可辩驳的执行者角色，通过服务，立刻解决问题。

(4) 控制背景。申请通常来自社会工作介入的其他机构，这一机构可以与社会工作机构处于同一级别(如学校)，也可能来自更高级别的系统(如少年法院)。

在这些情况下，我们面临着不同的难题：

① 申请者并非经常被干预；

② 必须介入；

③ 如果不分析该服务与相关机构之间的关系，就不能对报告的问题进行干预。

有时候，应某一系统成员的申请或要求，可以建立控制情境，或者社会工作者对该情况中存在的严重风险元素进行评估后做出决定，从而控制情境。对于这些情况，我们认为有必要在上述情境评估的基础上，增加第五项内容。

（5）评估背景。社会工作者根据干预目的，对情况进行评估，通常是对另一个机构进行评估。

① 对有意收养的夫妇进行评估，了解他们是否适合收养儿童；对终止青少年父母监护权的父母进行评估，并向法官进行报告。在这些情况下，案主并非主动来申请服务，而是遵循司法程序中的要求。如果他能对未来的生活做出选择，就必须按照要求进行，即使没有具体要求，如果社会工作者提供的咨询或者服务卓有成效，那么就可以充分利用此机会，在案主必须完成的规定动作中给案主带来契机，将之转变为发展机会。

根据《意大利民法典》第 330 条和第 333 条的要求进行社会调查。在这种情况下，调查并提供家庭情况的框架，评估父母的养育能力，并确定儿童可能面临的风险。在这种特定的情形与时机下进行评估，也是一种干预（D'Adda，1999a）。此时提供的可能性具有不可替代的作用，主要是在关系性质方面具有重要的治疗价值，既可以激发受访者对自己的问题感兴趣，并准备更具体的干预措施，以期改变，也可以促使一个干预项目就此诞生，并能在其他情境中被复制。

② 按照普通法院提出的要求，评估可能被关押儿童是否适合留在分居和离婚的家庭中，还是采取其他措施，关押到监狱或行政制裁（青少年法院、监视和地区）。在这些情况下，普通法院很可能在提出调查申请的同时具有倾向性。此时，社会工作者的专业精神可将强制性关系转化为合作关系。

③ 对申请寄养家庭或自愿为老年监护服务提供资源的家庭进行评估。在这种情况下，社会工作机构需要评估的是，这些环境是否具有案主所需要的真正资源，是否具有适合性，案主能否从非专业人员的帮助中受益，提高其生活质量。特别是要评估申请方处理问题的灵活性，以及是否愿意参与全面项目合作。

一般原则是，一线社会工作者必须熟悉司法工作环境，熟悉服务过程中可能涉及的关系类型，因为在特殊工作场域中，要能够游刃有余地提供服务，就需要了解司法环境，熟悉司法措施，并将这些灵活地运用在对案主的服务之中。在实务中，案主的请求与目标可能并不总是非常清晰，案主可以进一步明确要求是做调查，还是在司法环境中向社会工作者进行咨询。

当社会工作者特别强调与案主建立支持关系的价值，而没有向案主明确解释专业关系，也没有告诉案主这将在控制范围内进行时，就会产生一些问题，特别是案主与社会工作者的关系问题。

由于缺乏对专业关系的清晰认识，案主就很难察觉和区分服务的背景，这样案主在做判决与决策的时候往往就会有失偏颇，不利于他采取正确行动。例如，需要采取行动以避免激烈措施(如隔离未成年人、开具处方、采取行政措施等)时，社会工作者应根据变化采取不同策略，而不是根据极端情境来处置。

几乎所有案主在申请时都有一个特点，即要求社会工作者立即给出解决问题的答案，不论是明确的答案还是含糊的答案。除了某些紧急情况之外，对社会工作者而言，重要的是不要立即满足案主此时的要求，而是要致力于建立专业实践和服务规则，引导案主，纠正他们的非理性情绪。因此，如果案主需要直接、快速、没有痛苦的解决方案，社会工作者有必要给案主一些“反思的时间”，如申请人表现出极度的焦虑、患得患失，那么他的参与往往会影响社会工作者的专业判断，并影响决策。

第六章

从评估到结项

第一节　评　估

评估活动伴随着人类生活的进程，并且不断地指导人们抽丝剥茧。评估可以帮我们剔除琐碎的无意义之事，挑选出对我们重要的内容。评估可以不断地对来自环境和与他人之间关系的信号赋予意义，这也是评估的特征。评估中存在着强烈的主观性因素，即使评估之后无须制作行政性报告，社会工作专业评估也存在强烈的主观性，这是评估的问题，也是评估困难的根源。

由于社会工作的专业性，社会工作者得到授权后并非根据自己了解的情况，而是依循他所追求的目标进行评估。这就要求社会工作者根据社会服务原则，制订评估标准，坚持将理论假设作为操作的指引，针对案主的问题提出解决方案。因此，评估将根据观察和分析的具体实际情况，对信息进行关联整合。

一线社会工作者在评估的过程中会将社会工作精神和专业理论作为前提，发挥专业作用，因此，评估是非常微妙的实务操作过程。

社会工作者在收集相关问题的信息之后，为了将这些信息在重要背景下相互联系起来，必须控制任何可能会误导自己的偏见或固化观念，并明确指出理论模型。

依据之前在系统特性中所述，评估就像收集信息一样，贯彻在社会工作者干预的整个过程中，而且有时候特别重要。

根据系统论的观点，评估必须将服务过程中不断收集的信息联结起来，强调问题在所涉系统之间的相互影响。我们有必要仔细考虑问题和情况的复杂性，同时要牢记，问题不仅源于单一因素与线性因果关系，还源于多个因素及其相互关联。

此外，我们不能认为该问题是案主个体(无论是个人、团体，还是社区)的本质属性，而需要将特定情境视为重要元素，这样既有利于其理解，也有利于确定未来可能采取的干预策略。

这些内容进一步反映了将特定情况的“过错”归因于个人或社会的问题。

为了理解某一特定系统的现象，我们对这个系统赋予重要意义，检查和限制这一系统，并在家庭中理解个人，在社区中理解家庭。但是这并不意味着将情境系统作为问题及其不适当症状的原因，而是承认情境是重要的参与因素。此外，有罪的概念恰恰是在不同的逻辑层面、道德层面，而专业分析旨在了解情况，以确定如何介入并修改。因此，一线社会工作者必须掌握更广泛的系统信息，将这些元素关联起来，并为其干预确定不同层次的目标。

如果我们的评估以生态系统意义为导向，那么我们选择的方法可以不以个人为中心，也不以社会行动为中心，因为这两个方法实际在目标上是相辅相成的。

我们有必要关注时间的因素，因为即使情况没有明显变化，时间因素也会带来转变价值。如果同样的情况在一段时间内似乎并未改变，我们就必须从时间的纵向发展角度看待现实情况，这将给我们不同的视角，因此有可能采取不同于以前评估的干预措施。

在构建评估的过程中，记住一些特定方面大有裨益。

如果家庭表现出功能障碍，或客观功能不良，服务中需要了解的重要问题包括：

- 家庭问题是谁界定的？谁发现了这个家庭的问题，是家庭自身发现/感知自己有问题，是社会环境认为这个家庭有问题，还是司法系统等正式机构发现了问题(如接到少年法院通知)？或一线社会工作者在第一次访谈后发现存在问题。
- 哪些问题是显而易见的、明确的？
- 哪些因素阻碍了良性功能的发挥(个体疾病、人际关系问题，社会环境问题，还是长时间下逐渐形成的)？
- 哪些机制可以使家庭系统良性运行？可以利用哪些资源？哪些资源来自家庭内部？哪些是家庭所在系统中的资源？
- 哪些家庭阶段的功能良好？哪一阶段刚好与家庭意义系统中的资源相一致？
- 哪些系统会利于问题的解决，促进家庭的发展与进化？

社会工作者可以将关键领域的信息作为基础，对家庭运行过程进行假设。特别是，假设可以通过分析来发展：

- 系统的历史发展，鲍恩(1980)称之为“让日历来说话”；

- 这问题出现时，系统所做的适应性改变；
- 家庭和服务之间的最终关系，如果问题没有得到解决，社会工作者可以通过系统转介，将案主介绍到其他机构。

这些假设除了具有进行访谈的特定功能之外，还允许对家庭功能进行关系评估。在此过程中，社会工作者不断制订部分假设，排除不相关的联系，像是拼拼图一样将关联部分拼接在一起，并进一步验证其假设。同时，社会工作者还要在现实中将观察到的关系进行合理解释，使其更加一致。因此，访谈中我们所做的假设是一种工具，在逻辑上并不高于家庭运作的逻辑水平，而是认识家庭运作过程的辅助工具。

考虑到各种系统(家庭、服务、社区)中可用的资源，社会工作者预见到的变革目标与为了实现目标而所需要的干预措施假设可能完全不同。然后，干预项目将从这个比较开始，可以将干预的假设与家庭功能的假设以及可用资源相比较，图6-1说明了此过程。

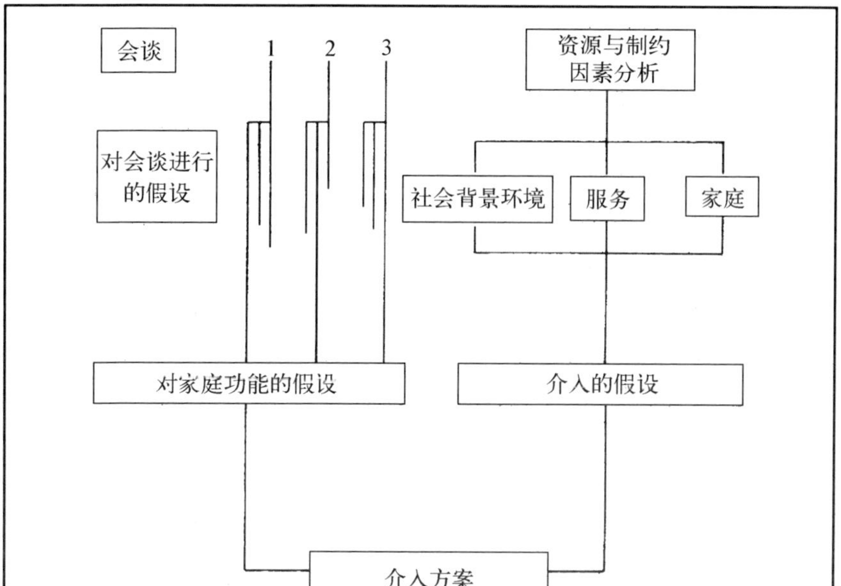

图6-1 干预项目的构建

第二节　干预项目

当谈到社会工作的干预项目时，我们需要对两个术语进行反思：项目和干预。

“项目”（progetto）这一术语源自拉丁语“proicere”，其含义是向前推进，朝着既定的方向投射（抛出）。

社会工作服务的目标也要考虑到不断变化的社会情境，考虑到变化所带来的社会问题，甚至是功能失调。继而，我们可以将变化称为“在概念、关系和组织方面的改变或变迁”（Lerma，1992：154－155），这一改变可以发生在人们的行为层面、制度与公民之间的关系层面，也可以发生在资源组织层面。

但是这种工作中的变化就像是黑暗中的力量，因为我们不知道改变是快速的还是渐进性的，不清楚改变中采取行动的方向，更不了解推动改变或者抵抗这种变化的力量是什么。

瓦兹拉威克（1974：119）强调了如何在变革中开展工作，为此有必要考虑下列要素：

- 详细阐明问题的定义；
- 对迄今为止尝试过的解决方案进行分析；
- 明确说出需要做出的具体改变；
- 制订并实施带来改变的计划。

社会工作者基于自己的工作类型，分析以上这些要素可以帮助他们确定一条路径，并在实践中对具体行为进行调整，这也是路径的特点。

另一个术语“干预”（intervento）起源于拉丁语“intervenio”，意为“从某处进来”“插入”。与社会工作中常见的工作形式相比，干预似乎特别有趣，社会工作的干预被认为是提供服务，干预服务将社会工作者的活动与案主所在的客观具体的物质世界紧密联系在一起。不可否认，在专业干预的层面上，绩效显然非常重要，但是如果绩效的因素横贯到项目中，绩效本身不作为介入的目的，并且在“案主和他的问题之间”伴随着“即将到来的”关系维度。

有学者指出，可以通过两种方式来开展干预活动(Fruggeri，1997)：

(1) 教育性的视角。这种观点基于单方面控制与干预的思路，并提供了一种战略方法，认为应该一开始引用理论，然后一线社会工作者严格按照理论要求进行干预。干预的有效性源于对技术工具的运用，因为理论和科学的有效性已经在先前得到验证，所以如果过程被正确实施，就能够获得有效而理想的结果。

(2) 社会建构的视角。这一视角基于这样的假设：人际关系、个人或群体与环境之间的关系是由所涉及主体的象征性活动导致的，而这又受到主体自身之间不同社会背景的参与和相互作用的影响(Fruggeri，1997：183)。

在第一种情况下，我们忘记了交互和关系语境，强调方法、程序、工具和技巧；而在第二种情况下，我们强调"最终结果不是个体行动或个体系统的功能，而是它们在动态关系中相互协调的方式"(Fruggeri，1997：185)。

社会工作者通过行动将自我介入一个正在进行的故事中，这个故事在社会工作者到来之前就已经开始，并在社会工作者离开之后还将会继续。对于案主的问题，社会工作者进行接触和事实分析，即使在社会工作者采取具体干预措施之前，也可能存在对这个故事的干预。从具体的角度来看，这一特点也体现出环境约束，社会工作者需要在案主问题与其所接触环境交流之间找到契合点。

因此，从这个角度来看，一线社会工作者可能的做法是站在中立的角度进行分析，联结需求与相关资源，成为两者之间的传输带，也同时成为改变的启动者。但是与之相反的是，我们的一线社会工作者通常是指引者的角色，他们对现实进行描述，建立联系，提出新的可能形式，重构意义，确定行动策略。一线社会工作者意识到不可能完全从外部观点来分析情况，并在此基础上片面地对治疗或社会控制系统进行指导和教育，这个系统能够发挥自己的心智和对现实的解释，按照面向互惠的关系风格进行努力，将自身融入正在进行的助人过程中。

社会工作者对个人或家庭团体帮助、促进、改变、指导、支持，这正是社会工作的目标，也是社会工作机构追求的目标和宗旨。社会工作者与个人或家庭的互动是一个交流的过程，通过此过程，他们对关系和其所处的情境进行定义(Fruggeri，1997：184－185)。

同时我们需要确定，要克服的问题是由什么原因导致的，如何准确地进行改变，并确定带来变化所需要的行动步骤。

线性逻辑是一个危险的陷阱。很显然，没有安定的住房或稳定的工作，案主会处于不稳定的状态，但是同样明显的是，如果干预措施仅限于获取这些资源，这些变化通常不会有持久的影响。

在这里，要注意复杂性和交织变量成为一个基本要素。我们可以说一线社会工作者获得的唯一的真正武器就是创造有利于沟通的环境，并在这些环境下开发一套沟通语言，以便与案主的意义系统相关联。这样，社会工作者就创造了一种能促进变化的关系。

正如有些学者肯定的那样，这是一个对实务操作认识飞跃的时代，在认识论上，人们从最初的寻找线性因果链到控制论或系统观点，人们理解行为的角度发生变化，将问题放到更加广泛的行为系统内部进行考虑，并在分析中加入了对自身行为、组织以及各要素之间的反馈等因素，同时对相互加强作用的影响进行解释(Fisch, Weaklenad and Segal, 1982：20)。

因此，必须把握不同主体之间的相互作用，不仅要考虑问题、行为、情境，还要考虑各主体之间相互影响的重要性。因此，在制订项目的干预计划时，首先要注意哪些是由问题决定的“系统”。参照安德森及其合作者的理论(1987：7)，他们认为一个人、一对夫妇、一个家庭、一组工作、一个组织，从交流的角度来看，任何个体之间的交互组合都是围绕共享语言传播问题进行的。

在第二层次分析中，我们需要了解哪些可以作为资源，哪些必须作为介入的目标系统。从这个角度而言，平卡斯和米纳汉提出的社会工作者开展活动的四种关系体系可能有益于创建干预项目(Dal Pra Ponticelli, 1985：256－258)。

① 带来改变的机构系统，即在对项目提出的假设下，在得到相关授权并受到一些限制的前提下，社会工作者开展活动的机构或组织。

② 案主系统，即要求社会工作者开展干预的个人，社会工作者与之建立服务协议并开展助人工作，被服务的受益人。

③ 目标系统，通过影响一些人员来实现案主系统定义改变的目标。目标系统是一个可变系统，能够根据不同的主题、团体或机构等具体情况而发生变化。有时，为了满足案主系统的需要，社会工作者所在的内部系统需要做一些改变。有时，可以成为一个主题，在一些情况下被视为系统

中的有用资源，介入行动系统之中(如学校、社区、家庭医生等)。对情况的深入分析将有助于社会工作者了解案主生活，把握案主系统中重要的交织因素，特别是可以确认问题系统，以区分在目标系统中应该加入哪些因素，以及谁应考虑作为行动系统中的项目合作伙伴。

④ 行动系统，包括协助社会工作者为实现变革目标而努力工作的所有人。在这种情况下，绝对有必要在干预项目中精确地确定谁做什么，如何做，何时做，并明确界定关系，发展协作、协同和相互依存的关系，以减少可能在家庭、行动系统中出现的风险。这种风险可能在功能失调的游戏中出现，并在家庭/服务关系中引入长期的风险(Malagoli Togliatti, 1987)。所有这些都要求社会工作者能够在团队中有良好的工作能力，能够进行谈判和调解。社会工作者还需要明确定义每个角色及其边界以及使用禁止干预措施的技巧。

基因图和生态图的构建有助于社会工作者确定重要系统，并且关系的定性分析有助于他们在这些领域布局。

从系统的角度来看，不论是否只是一个家庭成员来申请求助，我们都强调将整个家庭作为案主系统的出发点，因为家庭的历史系统总是非常重要的(即使它缺席或不合作)。

有学者强调了一线社会工作者如何将家庭置于心理表征之中，但是这些关于家庭的“隐含的理论”在对干预项目的实现上却有着不同程度的重大影响(Fruggeri, 1997)。

正如作者总结的那样，采用多种方法大有裨益，这增加了社会工作者的专业特征，并丰富了案例库。

① 缺席的家庭。在这个类型中，案主与其家人之间的关系被忽略，或被认为与实施干预的目的无关。这是以个人为中心的理论方法所导致的结果，并强调了案主的每一事件和通过干预将关系激活的每一事件都只关系到社会工作者与案主之间的二元关系，且一线社会工作者设计的每一个动作都仅在该情境下才能作为参考(Fruggeri, 1997：166－167)。具体案例体现在各个领域，如政府给予已婚妇女单方面的补贴或津贴作为一种纯粹的经济干预，而没有考虑到家庭网络中的关系动态，这可能会引起家庭的不平衡。再如，为移民和已婚妇女寻找工作，或激活妇女解放的道路，而没有考虑到她所信仰的宗教中的一些制约因素。

② 分离的连续性。在这个模型中，一线社会工作者“将自己和家庭想

象成两个不同的主体，每个主体在不同的背景下与案主保持着关系，并且这种每个主体与案主之间的关系是平行的”。因此，各种不同的互动环境在确定影响家庭和干预过程之间的关系时，不会质疑家庭和案主之间的关系如何与案主和一线社会工作者之间的关系交织（Fruggeri，1997：167－168）。典型的例子是，社会工作者介入青少年时，认为家庭是宝贵的信息来源，以理解青少年的不适，或者仍然提供有用的提示，成为更权威的父母，但是没有意识到我们的愿景是开发并审视一个全面综合的系统。

③ 单边合作。在这种逻辑下，社会工作者充分认识到家庭对案主的重要性，但是将其用作提高其干预项目的“手段”。典型的做法是与残障人士一起工作，家庭被视为一种资源，并要求项目的目标具有一致行为，以发展残障人士自治或老年人服务，其中家庭被视为项目需要维护的有用资源。尽管这种方法在考虑“家庭作为重要和积极的社会主体”时是普遍和具有功能性的，但是这被认为“只是生态系统观点的部分应用，因为相互依赖的观念延伸到整个一线社会工作者和案主之间的关系——家庭永远不会包括一线社会工作者的行为”（Fruggeri，1997：169－170）。

④ 替代。社会工作者认为家庭是具有负面意义的关键因素，是应该被批驳的对象，一线社会工作者“将他的干预视为对家庭、案主可能产生影响的替代或纠正”（Fruggeri，1987：170）。在此逻辑中，社会工作者在委托家庭的时候采取行动，将所有的支持活动指向寄养家庭，而不是为恢复原家庭制订重大的干预计划，或者当他们帮助吸毒者进入治疗社区时，不采取措施恢复案主与家庭之间的联系。

⑤ 共同进化。此方法的特点是将一线社会工作者系统纳入整个系统中，认为“社会工作者系统应被纳入包括案主在内的更广泛的系统，是整个系统的组成部分，在社会工作者介入和干预时具有超越个人的影响作用”（Fruggeri，1997：172）。而这种观点与系统方法所应采取的态度最一致，因为“它将社会工作者系统与问题系统结合起来，社会工作者介入案主及其家庭时，需要知道干预与案主之间的关系，不是简单地对案主有用，或者帮助其发展，而是对案主家庭系统的组成部分有益”（Fruggeri，1997：174）。这样，即使社会工作者对案主家庭的介入只是一个简单的服务，也可以被视为案主家族史的重要“事件”。即使在案主处于困境或者长期积累的病态环境下，社会工作者的服务与介入也会被放到更广阔的视野之下，这样我们就拥有了与众不同的解读，不会陷入“无药可医”“病

入膏肓”的陷阱，也避免给案主贴上负面标签，不会让案主感到无助。因此，在分析情况时，我们就需要通盘考虑，社会工作者的行动系统和改变措施也被视为复杂游戏中的重要组成部分。

项目建设

正如我们已经说过的那样，评估之后，其结果通常是开始设计干预项目，或者评估可以为其他专业人员或机构提供依据，他们可以据此做出决定。

通过对情况的分析，社会工作者将确定哪些系统明显有问题，并且在评估阶段，将选择那些必须进入项目的人员并定义其角色，同时也对行动系统或干预目标制订计划。

人们普遍认为，在一般层面上，干预的目标是带来积极的变化。这样我们就有必要确定具体的目标，通过这些目标来改善当前的形势。这是一个非常复杂的实务操作过程，我们有必要记住所涉及的各种系统之间的关系，以便制订有效的策略。每个个案的游戏内容都是不同的，而且在实务中很可能随着分析单位和系统数量的不断增加，系统变得越来越复杂，拓展的背景和内容越来越多。

即使充分了解案主的情况，项目在实施过程中会根据案主的情况不断进行调整，但是很多因素也可能导致项目计划的失败，这些因素包括：行政管理部门以不同的方式减少资金，不再注入资源；与同事的关系紧张，他对提交的提案不予批准；案主的邻居极力反对我们对特定家庭的介入；机构的工作岗位稀少，无法安排残障人士就业。

因此，不论我们是否事先意识到系统的反馈情况，只要我们忽略或错误评估该生态系统和/或信息的重要数据，就可能导致干预行动的失败。对情况的分析最有可能影响干预本身。

不仅环境因素可能导致令人不满意的结果，人的因素也至关重要。社会工作者、案主、案主家庭等主体之间如果没有建立共享机制，无法明确社会工作者的干预“可以帮助创建条件，这会导致需求长期无法得到满足，也会带来程序的无效或意外问题的发生”（Fruggeri，1997：215）。

一旦明确了目标，就应该制订战略、使用工具和具体技术，同时，这些方面必须与所采用的理论模型一致。

在项目实施中，这个阶段通常不仅与案主共享，而且还要与同事团队或工作组共享。因此，我们必须对问题进行详细评估，以便准确识别“谁做了什么”以及“在什么时候做”。这样有利于明确定义社会工作者与案主之间所涉及的服务，以及社会工作者与案主之间的关系，指定具体由哪个社会工作者负责介入“行动系统”，避免干预的重叠或空隙。

在干预措施的综合协调性方面，“服务的生态规划”强调一种复杂的干预模式，在这个模式中，每项服务工作都获得了对其他人所有服务的互补性价值(Fruggeri and Matteini，1986)。

在个案的助人服务过程中，我们还必须牢记，社会工作者如何在构建不同关系背景(信息、帮助、咨询、控制、评估)的情况下工作。

有时候，我们可能需要与其他一线社会工作者共同制订服务协议，允许其他人承担援助功能，或者有时候是控制的功能(Cyril，1986：122)。在其他情况下，在服务系统内或与案主的相同关系中，我们需要识别哪些是“障碍”性因素，这种区分是很有用的，只有这样我们才能进行区分性的干预。

在这些项目中，社会工作者很有可能使用一些专业工具(关系、访谈、会议、文件)，同时也需要指导案主如何获取非常重要的资源以及一系列具体的服务。

我们需要重申的是，一些供给(家庭护理、教育、补贴等)是实现变革目标的支持性因素，但是它们并不是干预的终点。因此，必须在干预项目时战略性地使用这些供给。

如果社会工作者没有考虑到这一方面，他自己的功能定位就会出现问题，就有可能将自己从变革的推动者转变为服务的提供者，这样就很可能将服务的形式行政化，并会带来问题长期无法得到解决的风险。

在项目建设中，显然有一些元素适用于任何类型的模型，因此，我们需要特别强调目标设定的重要性。我们认为目标有几个层次，包括长期目标、中期目标和短期目标，或者我们也可称之为目标、次级目标、具体目标，这些层次都很重要。我们需要在这方面做一些提示。

没有必要将目标与活动混为一谈。例如，家庭护理允许老年人留在家中，工作安置可以实现经济上自给自足的目标，或者在另一方面也可以达到自我实现、增加自尊的目标。家庭寄养是一种干预，可以相应改善孩子的生存环境。有时，我们在内部的管理活动中，需要使用开发或绩效量化等组织使用术语作为“目标”，但是为了实现组织的目标，组织开展的这些活动总是有一个外部接收者，这一接收者就是走入程序的案主。干预措施须符合组织本身的使命。

该项目是一个具有普遍含义的关系环境中的一部分。我们可以在咨询、援助或控制环境中开发项目，但这并不意味着可以在项目中使用不同的干预措施。

如果目标是通用的，那么评估其成效和确定指标就更加困难。因此，准确地阐明目标的不同层次以及它们针对的主题是有用的。有些目标可能源于家庭正在经历的生命周期阶段（重新定义代际的距离，承担新角色，响应发展任务），其他目标将更多地与问题类型联系起来。每个目标必须辅以为实现这一目标而开展的活动，以及开展这些活动的主体、时间和指标。

当给案主设定了特定目标（如找到更合适的工作、组建新的家庭、建立更和谐的关系），并要求案主针对这些目标采取行动时，社会工作者需要特别注意行为改变对案主的重要性，要明确在这一过程中案主很可能不愿意承担责任，并伴随着恐惧，会发生一系列的复杂情况。在实现目标时，社会工作者要遵守循序渐进的原则，认真分析哪些内容可以表达案主的困难，采取何种措施进行积极的应对。重要的是在行动中进行评估和验证，以便对项目的整体目标进行审查，并在必要时根据实际情况进行调整。

我们可以在项目中进行很多干预，有些将在第八章中特别提及，这里我们要提出一个分类，该分类针对某些类型的一般目标而制订干预方式。有学者确定了五类干预（Fruggeri，1997：151－156）：

（1）促进式干预。此干预类别包括与家庭生命周期各个阶段的发展任务相关的所有服务。促进式干预措施用于补充或扩大家庭内部资源，以应对其家族历史中的关键事件。例如，参加未成年人中心、老人会议中心、夏令营、季节性住宿、家庭中心的活动。

（2）支持式干预。支持式干预的特点是处理意外发生的重大事件，补偿缺乏的资源，并应对事件发展过程中的阶段性问题。应该强调的是，这种资源的缺乏往往只是局部性的，并伴随着其他部门的资源存在，因此我们应该尝试在整个项目的视角下激活这些资源。支持式干预中可能包括的措施有各种形式的经济援助、住院治疗、家庭寄养、家庭护理、日托中心。

(3) 调解式干预。这种服务方式可以在家庭无法独立处理内部冲突时应用，特别是在夫妻闹离婚的时候。在进行调解式干预之前，我们预先假定家庭中是存在资源的，只是暂时未被发掘，干预的目的是重新激活这些资源。

(4) 控制和保护式干预。这种干预模式通常应用在家庭暴力、虐待或家人重度无能力的情况下，来帮助处于弱势方的家庭成员，承担起对他们进行照管的任务。此时，社会工作者的介入要与司法当局进行衔接，通常要向司法机关提交一份报告，有时是应司法机关的要求而形成，从这种意义而言，这一干预是司法机构要求下的强制性干预。在此干预中，重要的是考虑干预的复杂性，这些干预不仅要打破暴力循环，而且还要具有治疗的目的，旨在重新激活相关人员的进化过程。可以说，由于案主家庭的复杂性和难度极大，社会工作者必须知道这些多学科的评估和规划，尤其是与儿童领域相关的评估和规划。

(5) 治疗式干预。此干预措施可以针对儿童及成年人的心理疾病或者心理问题，特别是针对患有严重的精神病患者或药物成瘾者。作为干预措施，治疗式干预可以介入复杂的项目中，这些项目往往涉及许多服务，很可能有多项服务交叉进行。治疗式干预的目的是改变不和谐以及给人们带来困扰的人际关系，在互动中帮助家人发现新资源，并为建立家庭新资源创造条件。由于在意大利，社会工作者从严格意义上并不具有开展心理治疗活动的资质，因此社会工作者的干预方式是心理社会咨询，协助案主进入专业的心理治疗环境，或是配合心理学家、精神病学家，作为他们治疗活动中整合和支持的力量。

可以看到，虽然在前三种干预类型(促进式干预、支持式干预、调解式干预)中，总体目标是伴随家庭的适应性过程，但是在控制和保护式干预、治疗式干预中，一线社会工作者必须帮助家庭“打破”功能障碍—痛苦—无力的死循环，而正是这一循环往复的死结让案主及其家庭无力改变(Fruggeri，1997：150)。

特别需要强调的是，关系维度是贯穿在整个助人过程中的，也体现在项目实施的不同时刻。关系维度既使项目的实施和绩效相联系，同时也构成了干预本身，从项目开始运作直到逐步成熟，关系维度都蕴含在其中，这也是项目的特殊性。心理社会咨询协助案主对问题进一步澄清也是支持式干预，可以帮助受助者重新解读与日常生活、家庭每天面临的组织和管理方面相关的家庭关系。这样，干预作为一种介入形式就超越了简单的维度，具有更加全面的功能，可以实现上述的共同进化维度。

最后，在反思方法论的过程中，可以发现所有作者都强调循环性，强调需要有空间进行重新解读，不论是与正在进行的项目直接相关的管理，还是一般意义上的专业方面，如干预的自我评估，评估帮助我们始终保持在错误中学习的可能性，以保证对案主服务的质量。

第三节　协议、项目实施和行动结论

根据德·罗贝蒂斯(1981)的观点，协议是“社会工作者将案主目标与干预项目的目标进行比较，在相互明确提供服务的形式和期限的基础上，共同对带来改变的行动进行探讨与协商，并做出选择”。

因此，拟订协议是援助过程中非常重要的一个方面，迄今为止在专业实践中可能被低估了。协议是一种工具，通过协议，可以精确地定义案主和社会工作者为实现干预项目而共同信守的承诺。

订立服务协议是助人过程中非常正式的一个程序，但是事实上，这一程序会受到以往确立的专业关系规则的强烈影响，同时也受到案主与社会工作者之间互动类型的影响。

我们还必须牢记，在服务协议关系中还存在另一个系统，这一系统就是社会工作者所属的服务机构。实际上，尽管案主针对的是社会工作者，但是因为后者是在该特定组织内运作的专业人员，该系统代表了机会的来源，同时也受到干预项目内容的限制。

因此，合作是机构、社会工作者、案主构成的平衡关系的结果，否则就会形成不平衡(无法联盟)，造成服务的临时性。此时所提供的服务不具有长期的战略目标，就犹如半路分道扬镳的夫妇一样。

当社会工作者与属于同一组织或不同系统的其他机构(公共、私人或

第三部门机构)建立合作关系，以实现既定目标时，服务协议中还可以包括多个参与者。在这种情况下，协议就可能更复杂，并且必须与行动系统中的合作伙伴和案主都订立明确的协议，这样每个人才能清楚在项目中所承担的责任。

即使重新签订协议，干预的总持续时间也应包括在服务协议中。通过这种方式，向案主发送自治信息，告知案主，如果需要，可以得到社会工作者的临时支持。

如果没有订立明确的协议，双方都不明确对方的想法，社会工作者与案主之间构建的关系就可能是一个没有结束时间的关系。在这种关系中，案主在某种程度上会认为，在没有专业支持的情况下，关系无法继续。

还需要考量的内容是协议的形式。我们尽量使用书面形式的服务协议，协议不应成为行政化程序，而应该成为一种专业工具，可以更清楚地定义各主体已经达成一致意见，并减少可能的误解。案主在该协议上签名，这一程序也具有积极意义，有助于让案主作为“参与者”直接参与该项目，发展案主自决权，并增加赋权的可能性。

此外，在有争议的情况下，如果有一份生效协议，特别是在有必要向司法机关提交报告时，这份协议是很有参考价值的。

在项目的实施阶段，双方在协议中确定的计划和定义的活动会被确定为“行动目标”，在不同系统级别开展这些计划和活动。

重要的是，社会工作者应该持有开放积极的态度，积极地接收各系统对干预措施的反馈信息。即使在助人过程的前期阶段中使用的方法非常正确，在后面的运作过程中，我们也无法预测会是怎样的反馈系统，很可能发生意外，也可能会出现服务项目的重叠，因此有必要建立一个循环过程，这个循环过程中允许：

- 存储新信息；
- 将新信息与以往的信息进行联结，并在必要时制订新的假设；
- 根据评估进行干预。

在项目检验中需要持有一种态度，对没有达到预期目标的方法问一个“为什么”。为什么提出的项目没有达到既定目标？在这个过程中，我们需要运用描述性的方法，对干预过程和行动背景等方面进行分析，而不是用道德、愧疚或社会学证明来判断失败的原因。实际上，使用这些逻辑，让个人背负失败的责任或者作为受害者，这一逻辑对我们毫无益处，不利于作为共同参与者去理解社会背景。

在执行这些操作的同时，我们也必须牢记，该服务必须被视为分析的一部分，形成超系统。在此系统中，各方面的关系交互影响，内部关系可以相互转变。

在贯穿整个过程中，对案主的反馈进行分析是其中的一个方面，有时候我们有必要让案主的反馈分析具有“正式性”。可能需要通过案主条件的演变或与社会工作者的关系改进，通过新的意外事件，让案主所做的更改或与服务组织相关的问题来阻止更糟糕的情况。在协议规定的截止日期到来时，可以对干预重新设计，以及重新商订随后的协议。

我们可以通过不同的因素来确定最后阶段的过渡：

- 已经实现了前续目标；
- 案主已决定不再参与助人过程；
- 因为案主已经被转介，或者内部员工岗位变动、组织变更，机构需要更换一线社会工作者。

在转移给具有不同专业精神的另一位社会工作者的特定情况下，转介的方式特别重要。我们密切关注这一时刻，为这一具体情况确定最佳战略。事实上，在某些情况下，通知案主联系谁可能就足够了。在其他情况下，在与案主沟通的会议中正式确定人员交接可能更合适。在所有情况下，都必须正确执行调度，并留下更新后的记录，避免功能失调。

无论促成它的原因是什么，我们必须始终在服务的整个过程中进行反思，进而得出结论，这样才能更好地掌握实践理论中的精华，体现社会工作干预的有效性和效率。

第七章

面　谈

第一节　社会工作的面谈：必备条件

面谈是社会工作的主要工具之一，事实上，这不仅是一线社会工作者与案主建立专业关系的常用方法，也是一线社会工作者与同事、领导、社会和社区资源部门沟通的通用手段，能体现组织“行动系统”的竞争力所在(A.Pincus，A. Minahan and Dal Pra Ponticelli，1985：258)。

面谈是社会工作者可以最大限度表达专业性的工具之一。

在彼此相互认识以相互影响的游戏中，社会工作者与案主所代表的两个世界相遇，这两个世界无论在文化、价值观、心理、可能性和能力等多种方面都存在着巨大差异，可谓反差巨大，有时候甚至是天壤之别。但是专业关系决定了双方共同追求的目标：确保双方在巨大的差异下能够建立起协作关系，建立共同的目标，协助案主做积极的改变。最后，当既定目标达成时，社会工作者全身而退，离开案主的世界。

在面谈中，沟通的两个模块很重要：口头语言和肢体语言。通过这两个模块，双方交换想法、概念，同时也交流态度、行为方式、情感，给案主的情绪解码。

参与这种互动的个体之间互相影响，因此在沟通或者面谈中建立起来的关系并不完全由其中一方主导，而由双方在其发展的环境中共同创造。

一方面，组织的专业化决定了所服务的案主具有某些共同特征，该特征定义了一般性质的目标，社会工作者根据这些特征确定访谈的具体目标。另一方面，组织为实现其目标，要求专业社会工作者对案主的服务能够体现个别化和特殊性，这一要求提供了一个框架，在该框架内，面谈可以更详尽、更具有针对性。实际上，一线社会工作者在案主和/或组织服务的授权范围内行事，其行动受到组织空间和时间的制约，他们在工作中选择最恰当的提问方式，限定或深化调查领域，协助案主表达遭遇的经历及感受，表达同理心，确认并实现激发改变的目标。

与案主建立专业关系也是一种对案主潜移默化的渗透，通过面谈，在社会工作者与案主之间会产生相互作用，以有意义的方式协助案主达到目标。

面谈内容依据助人的过程而定义。社会工作者在专业化的基础上，将根据案主的要求、问题、特点和期望，以及机构的专长，选择面谈时要处理的内容，并选择适当的方法、理论模型作为实务操作指南。社会工作者的选择也要充分考虑到助人过程的目标，促进此目标的实现。同时，面谈内容也要结合专业原则及适合案主发展的可能性、案主的参与程度及其反馈。

而且，社会工作者作为专业人员，不可避免地需要处理案主激动的情绪，在进行面谈时，可能会遇到令人愤怒、反感厌恶或可能陷入困境的案主。显然，这就要求社会工作者不仅在知识和技术方面炉火纯青，而且还要深入了解案主的处境，了解其过去及正在遭遇的问题。因为有时候我们看到了案主在个人和环境中可能遇到的困难，但是依然没有深入情感层面解决案主面临的焦虑。

在一线社会工作者采用专业方法实施的助人行为中，面谈是非常正式的，通常是在确定的时间和地点进行。这与一线社会工作者隶属的机构密切相关，机构履行社会相关职能，社会工作者作为该机构的雇员，而案主申请得到机构的帮助。正是由于机构的使命，社会工作者有义务主动召集面谈或去案主家中进行面谈。因此，社会工作者和案主之间的见面并非随机和偶然的，而是需要对时间和地点进行明确安排，需要具体规定面谈的方式。所以，社会工作者需要将专业的面谈与偶遇的对话区分开来。

社会工作者可以在其办公室、机构的会客室，或在案主的家中进行面谈，不可以在不做安排的偶然相遇中，或通过电话进行访谈。在大城市偶遇是相当困难的事情，而在小地方，除了工作场所和案主住所地之外，很可能会不期而遇。在一系列的条件下，尤其在熟人社会中，社会工作者可能很难维持专业形象。这些情境包括案主可能与社会工作者的亲属熟悉，也与社会工作者在该地区的个人经历相关等。因此我们强调专业性，需要将服务固定在某个专业领域，这是非常重要的背景，否则在办公室里的面谈就可能非常具有随意性、多样化，甚至充斥日常生活中的琐事。在某些情况下，我们可能很难细数不同的背景，但是这正是现实中不可避免的情况。因此，一旦案主试图向社会工作者提供工作环境以外的信息时，社会工作者就应该及时阻止，因为这些信息很可能使社会工作者失去对专业关系的控制。社会工作者对大量无关信息进行专业分析，增加了探寻重点信息的难度，甚至需要对有些问题重新定义，以将其在所涉及的特定体系和环境中进行分析。这经常被认为约束信息来源，但是实际上也能保证有效信息的来源。

在社会工作中，可以根据服务定义的情境类型开发不同类型的面谈，并根据具体问题、所处阶段、方法、案主类型（个人、夫妇、家庭），针对正在处理的问题进行具体分析。

一、面谈中的聆听

在当代社会，社会发展日新月异、光怪陆离，外界信息狂轰滥炸，我们的声音常常被淹没，很难静下来真正地倾听他人的心声。在专业关系中，社会工作者只有进行充分聆听、沟通，才能协助案主进行选择。

不会聆听将导致我们无法获得重要信息，而有些案主不善于表达，或者很少表达，此时我们更加需要认真倾听，以免遗漏重要的信息。社会工作者在聆听时，要选择那些具有优先性的信息，如果抓不住重点，就会增加案主请求的迫切性，可能导致案主现有的症状日益严重。仔细倾听，我们就可能听出对方所表达的需求之间的冲突（例如，外部压力不断增加，但是自己已身心疲惫）。因此，我们有必要对获得的信息赋予不同的优先顺序，确定信息的重要性等级，这样，重要信息就不会随时间的变化而改变。但是我们也要注意，随着时间和情景而灵活地把握，从这一点而言又可以对优先级进行调整，以使所选择倾听的内容不具有随意性。

另一个重要问题是，当社会工作者自己无法有效倾听时，要及时发现这一点并做出调整，要能够处理不同角色之间的冲突与矛盾。

所有这些都会导致一个不可或缺的步骤：倾听他人，有必要从聆听自己开始。

作为专业人士，社会工作者必须意识到指导行动的前提，需要明白接受我们服务的那个孩子或者老人为什么与特定家庭相遇时，会激发出他们的情绪。

社会工作者必须对内部消息进行解码，以避免在助人报告中不知不觉地使用这些消息。解码这件事情并不容易，一旦社会工作者的基础训练不扎实，或者在这方面缺乏足够的培训，社会工作者就可能不知道如何专业地处理问题，而有时候这些内容会令人在情绪上无法平静，甚至不知所措。

所有这一切都可以通过开发社会工作者的职业路径来实现。此路径可以帮助社会工作者养成自己反思的习惯，用专业理论重新解读案主在特定时空中的行为。同时，对面谈也可以进行团队督导，必要时也可进行个人督导。

聆听不仅是与感官相关的生理功能，同时也是交流过程的一部分。在聆听的基础上，社会工作者建构自己的专业身份，这也是形成专业关系的基本要素。

“一方面，社会工作者要仔细聆听案主口头表达的所有内容，另一方面，社会工作者在分析案主带来的材料时需要与其他很多方面相结合，这包括案主在谈论自身问题时的方式、案主的表达方式、他使用的表情、向社会工作者所展示的态度等。在实践中，聆听是社会工作者和案主之间的一座桥梁，通过这一聆听过程，社会工作者可以探析案主的心灵动向，对案主的情绪进行解码。”（Kaneklin，1988：93）

我们在聆听时，要知道：

（1）聆听是一种态度，聆听需要倾注你的注意力，标志着你愿意洗耳恭听。通过这种行为，一线社会工作者表达对案主的故事很感兴趣的意愿，通过其语言和非语言来掌握信息。此时社会工作者暂时不要做任何判断，而是运用同理心站在对方的角度看问题，审视自己的情感投入情况。

（2）感知为我们提供了探索世界的可能性。实际上，对信息的感知意味着我们一方面要实际接收信息，即允许外部刺激通过感觉器官到达大脑，识别它并限定其类型，另一方面还要有意识地接收信息，即对信息进行解码，并将理解的信息发送出去。这个过程不仅关系现实的具体方面，而且涉及关系领域。然而，对信息的解码和理解显然相当复杂，可能带有主观性，从而将与人际关系动态相关的主题、与认知地图有关的方面，在消息到达意义系统时过滤，这样就有带来偏见或刻板印象的风险，也存在扭曲事实的可能。

（3）对信息的解读包括内容和人际关系两个层面，是信息接收者对两方面意义信号的归因解释。聆听的深度显然与倾听者（如专业或非专业人士）扮演的角色有关，同时在倾听过程中参考的特定理论也会对沟通带来影响。但是无论如何，社会工作者必须始终考虑与案主的情感共鸣，避免受到控制的干扰。

（4）倾听者也要对信息进行反馈，反馈标志着与另一方确认关系，也意味着自己正在参与，这样你将有机会对听到的内容重新进行阐述，并请求对方做出适当回应。这是有意识的选择，要针对上下文和倾听关系中的目标进行反馈，帮助对方更好地理解他的处境及其问题，并评估可能实现的干预水平以及干预的可能性。

倾听是一个复杂的过程，需要双方具有意向性和可利用性。倾听帮助我们了解自己，也了解自己对世界的看法，在相互关系中彼此认识，而不至于产生困惑或者误解。因此，倾听的强度和质量成为面谈有效实施的基本要素。

二、专业关系

通过面谈中的口头和非口头交流而建立起来的专业关系，构成了助人过程的基本方面，并且成为社会工作者与案主建立合作关系的决定因素。

专业关系是社会工作者沟通、倾听、理解、接纳案主的渠道，可以唤起案主潜能，是加强案主自身能力并促进其发展的桥梁。专业关系是社会工作者介入案主故事的工具，这一故事在本次面谈开始之前就已经开始，在介入之后仍将继续进行。在专业关系中，社会工作者不仅要客观中立地分析问题，寻求需求和资源之间的整合，推动积极的变革，还要通过描述现实、建立联系提出新的改变方案，重构意义、确定行动策略。

在发展专业关系时，社会工作者对问题的分析与灵感不能完全听从于外界的指点，需要独立地就案主系统进行分析，并在此基础上对案主系统进行辅导。社会工作者身为这个系统的教育者，可以单方面进行指导教育、治疗，并寻找最佳的社会控制系统，也可以运用专业的概念和方法工具，发挥专业所长，运用所学理论对现实问题进行诠释，在专业关系的基础上进行介入，并将自己融入正在进行的助人过程中。

但是我们要牢记，当社会工作者与案主分别来自两个不同的世界，这两个世界的价值观、认知等很多方面都存在着显著差异时，专业关系建立在权力不平衡的基础之上：一方是服务体系的专家，能够分析案主的问题并介入解决案主困难的过程之中；另一方是陷入困境者，人生面临着挫折与失败（Ferrario，1992：148）。这就需要一线社会工作者对互动中双方所处位置有清晰的认识，同时社会工作者也要知道如何正确管理与行使职业角色中所产生的权力。

在助人的专业关系建立伊始，社会工作者对案主而言，其关系位置是不对称的(社会工作者意在推动案主“向上”)，因为面对案主的问题，社会工作者具有特定的专业技能，可以帮助其克服困境局面。

此外，我们不应该忘记专业关系不仅是因为案主存在问题，也不仅是因为咨询专家有希望成为顾问，而是一种现实中的必然选择和责任(如在保护未成年人领域)。通过专业关系可以获得收益或利益，专业关系的特征是帮助案主实现其人生选择(如收养)。

同时，在这个过程中也存在权力方面的不对称。社会工作者的权力可以指导和控制助人过程，在这个过程中，社会工作者要始终承认个人价值的伦理原则和案主自决权。

因此，在专业关系下，并不需要建立自上而下的关系，而是可以创造一种逐渐协作的氛围，逐步形成专业关系，在关系中帮助案主提高能力和自主性。

为了此过程的发展，有必要把双边关系理解为“在交流过程中实现的连续互动，且这个互动是互惠的、参与共享的”(Ferrario，1992：149)。

费拉里奥(1992：149)认为，社会工作者和案主分别代表不同的世界，在专业关系中，他们具有一定距离，在助人活动开展的过程中，双方不断沟通、反馈，专业关系的建立和深化都要谨慎。社会工作者在此过程中收集各方面信息，并对这些信息进行重新排序。人们逐步认识到，社会工作者和案主之间的关系越来越真实。

社会工作者与案主要保持专业距离，这一距离是观察案主情况的基本要素，保持专业距离才不会被案主的问题纠缠，也不会产生混淆。但是同时需要表达关注、参与和同理心，以建立有效的专业关系并发展这一关系。

在这方面，达尔·普拉·庞提切力(1987：154)认为，一线社会工作者必须知道如何使自己处于正确的位置，避免“情绪渗透”及其完全的情绪卷入，同时避免沟通的表面化。因为这会让人感觉像是例行公事一样，让案主感觉被作为冷冰冰的“案例”，而不是作为活生生的个体被对待。

我们要记住(Campanini and Luppi，1988：122－124)，社会工作者与案主在面谈中创建了新的系统，这一系统要求保持一系列持续的动态平衡，这预示着一系列可能的相互作用，并必须在平衡中开发自己的运作模式。

在沟通交流时需要保持持续的注意力，倾听案主的声音，积极参与助人过程。在此过程中，我们需要意识到案主不仅代表他自己，他背后有一个系统，还要考虑到相互之间的反馈。基于此，我们可以发展一种职业的专业关系。

如果我们被规则严格束缚，照本宣科，对案主以及交流方式无动于衷，这种专业关系就会变得冷漠、形式主义，而不容易产生同理心，容易产生对称性的冲突。面谈的内容可以掩盖关系冲突，并且不会自行破坏关系。

如果同理心泛滥，社会工作者完全被卷入案主的问题中，社会工作者就会发现自己处于一种纠缠的状态。在这种情况下，距离感的消失会让社会工作者无法保持专业的清醒，能感觉到案主无法摆脱问题时的困苦、无力或无助。社会工作者知道案主需要帮助，了解其需求，在这个过程中是发挥重要作用的，而这种关系的发展往往不是自动地以案主为导向，而是依赖于服务关系。在这种关系中，“你自动遵循我的指示”这一类信息是自相矛盾的，因为这样无法实现案主自主权，而且无法得到承认，所以解救案主于危难的尝试存在失败风险。

费拉里奥(1992：103)认为，我们很难区分社会工作者个人的生活经历与专业性之间的关系，这涉及社会工作者的中立性。我们将中立性定义为“在专业驱动力下，我们重构明朗清晰的状态，艰难地走出自己的世界，进入另一个世界，并希望能够最大限度地看清楚这个世界”。

第二节　面谈的阶段

正如我们所知，面谈是发生在一定语境下的非偶然互动，面谈有具体目标，并且由一线社会工作者指导，这个过程有一系列的正式步骤，社会工作者对此必须明确。

一、面谈准备

面谈准备是面谈过程中的关键步骤，面谈成功与否在一定程度上依赖准备工作是否充分，因此必须予以特别关注。我们将分别进行研究。

（1）召集。如果案主不是主动、自发地申请，也不是经由他人介绍，那么在第一次面谈时，当案主意识到自己进入助人程序时，我们的重要任务就是界定案主提出的问题，界定需要召集谁来进行面谈。我们需要明确面谈的对象，掌握第一次面谈的主动权，避免将面谈的主动权交给案主，这样可以让案主在特定的时刻进入助人系统中。同时，我们有必要反思召集的方式：可以通过打电话、发短信，或者利用其他机构调解者。将案主纳入助人系统的方式不同，意义就不同。然而，不管选择哪一种方式，重要的是清楚面谈的召集绝非偶然，而是我们进行反思的结果。

（2）确定目标。我们必须在助人的过程中，通过面谈来确定待解决问题的具体目标。目标可能是收集或提供信息，更加细致、彻底地分析案主面临的问题，验证评估中的假设，提供支持，检验现实情况等。

（3）需要调查的领域。根据社会工作者已经建立的假设确定调查领域（与原生家庭的关系、夫妻关系、亲子关系、与邻里的关系、工作情况、取得的进展、项目实施中遇到的困难等）。这种分解操作会大大降低面谈的难度，便于维护统一的主题。

（4）需要搜索的信息。在准备面谈时，可以将需要了解的内容详细罗列出来，以免在互动过程中忘记或遗漏重要方面，如果一线社会工作者非常忙碌，他们可以省略此步骤。

（5）需要提供的信息。有时，从一次面谈到下一次面谈之间，一线社会工作者可能会发现有必要查找现有资源、行政管理实践等信息反馈给案主。这样，通过对案主交代重要的信息，可以让案主更加了解助人的过程，明白指导实践的形式，从而向案主传达一系列关系层面（我们正在处理他的情况）和教育层面（必须保持承诺）的重要信息。

（6）关系方面。根据以前面谈中发生的情况，社会工作者可以评估案主与服务提供者之间关系的演变。案主也是积极能动的，能够预测可能的关系变化，社会工作者需要根据案主的反应明确未来应该持有哪种态度。案主可能试图让一线社会工作者听从他的要求，可能决定终止服务，或者会反对助人项目，或者案主试图对刚刚收到取消儿童服务的决定采取反击措施，或者因为案主已经看到社会工作者的干预措施取得了积极结果而给予积极配合等。

（7）面谈环境的选择。将面谈安排在一线社会工作者的办公室、其他环境或案主家中，面谈会有不同的含义。在任何情况下，都必须根据面谈的目标来选择地点。

① 在一线社会工作者的办公室。这当然是面谈重要的组织方式，我们要尽量降低由于情境因素给案主带来的不适。如果找不到一个体面、安静的房间，我们可以使用一些策略：与其他同事达成协议，以轮换的方式共用一间会谈室，会谈室内配有一定的专业装备，在会谈的时候不要接打电话。使用的房间尽可能符合社会工作的专业性。环境从来不是“中性”的：想象一下妇科诊所、精神病诊所、家庭护理工作者的房间，这些房间都会悬挂特定的图像，有助于营造某种氛围，简单而舒适的装饰将有助于为会谈创造和谐的气氛。在这方面，我们也不能忽视桌子的使用，因为桌子是将社会工作者与案主分开的元素。如果社会工作者为避免过度卷入专业关系中，或许可以将桌子作为一个正式、天然的屏障，并从桌子的摆放方式和位置中获益；但是如果启动一个助人过程，特别是涉及多个家庭成员的心理社会咨询干预，则不宜过多使用。

② 在案主的家中。我们将在家访中深入讨论这个话题。

③ 在其他环境中。在某些情况下，周围的人建议，甚至迫使社会工作者在不是办公室的环境中与案主面谈，这些环境甚至不是案主的住所，有可能是学校、医院、监狱等。我们要仔细分析这些环境对专业关系和待治疗内容可能产生什么样的影响，这个环境需要根据社会工作者想要面谈的目标而确定。

（8）其他人的参与。其他重要主体参与到干预项目中来可能会有助于面谈的进行。社会工作者必须事先向案主解释，除了社会工作者外，是否会有其他服务者或来自其他机构的同事出席面谈。即使他们是社会工作界的知名人士，案主可能并不知晓他们，并且在任何情况下，这些面谈预期可能都会因为其他主体的意外出现而发生深刻变化。如果不能及时通知案主，则必须在面谈开始前告知他们，说明原因并允许案主表达其他人的参与对其可能带来的疑虑、问题或困扰。

（9）确定时间。社会工作者需要精确把握面谈的持续时间，因为这既是社会工作机构的专业要求，也是尊重案主的表现。面谈时间必须根据访谈目标来进行评估，同时也不能超过一线社会工作者和案主的生理极限。实际上，通常专业面谈的时间不应少于半小时，也不要超过一个半小时（例如，对案主进行家庭心理社会治疗）。

（10）支持的准备。在社会工作领域里，对面谈的支持是多种多样的：在收集信息时，可以按顺序记录在小卡片上；可以运用单面镜、照相机等设备对案主进行观察。这些选择除了与问题相关外，还必须结合目标和具体情况。比如，针对一般的访谈，我们记录在一张卡片或者笔记上就足够了，而对家庭虐待问题进行心理社会咨询时，可能需要使用录像机，因为问题较复杂。同时还可以通过服务说明手册、行政文件或表格等提供其他信息。

总而言之，面谈的准备工作是基础性的，是一种支持、一种反思，是预先对未来发生的事情进行准备，这可以提供重要的资源。事实上，一线社会工作者不能单方面地确定专业关系，如果他与案主的关系过于亲密，会使案主过分依赖社会工作者，可能会导致关系僵化，此时社会工作者无法处于真实的聆听关系中，因此就无法掌握案主表达的新信息。

二、面谈的进行

在面谈的发展中，社会工作者记录面谈的开始阶段、发展阶段和结束阶段将非常有益。

1. 开始阶段

毫无疑问，面谈的第一步是“欢迎”案主。如果是第一次面谈，寒暄结识，社会工作者提供机构的信息，这将为与案主建立专业关系奠定基础。我们也要对这个阶段进行反思，因为工作经验可能导致两个人的见面似乎是例行公事，带有些行政化色彩。

第二步是澄清或建立面谈的目标。通过这种方式，也可以过滤掉任何与目标不相关的请求，适时退出无关主题。定义关系语境对社会工作者保持与案主的清晰关系至关重要。

在不同的语境中（信息、援助、咨询、监测、评价），社会工作者扮演不同的角色，并具有在各种角色之间切换的能力。这一方面是在助人过程中给一线社会工作者更多的可能性，另一方面也可能导致助人过程中的不确定性和危险性。

社会工作者对之前发生在案主身上的事情进行总结，从其他来源收集信息，保持与案主关系的清晰度，避免形成联盟或造成误解，始终保持中立的态度。特别是在不同时间与几个人进行面谈时，社会工作者须避免案主怀疑存在秘密联盟。同时社会工作者也要允许案主反观正在发生的事情，联结他们获得的信息，鼓励案主不仅学习内容，还要学习经验以及解决问题的方法。通过这种方式，我们可以提高案主的自主性，促进问题的解决。

2. 发展阶段

这一阶段面谈的核心内容是处理已确定的目标。因此，重要的是抓住问题的主要矛盾，下定决心、持之以恒，避免左顾右盼、朝令夕改。同时也要有一定的灵活性，不时处理评估预期以外的主题，并确定是相时而动、改变目标，还是坚守既定目标。

社会工作者需要掌握具体的管理与沟通技巧，并在治疗中运用这些技巧，这是非常有用的，有助于社会工作者重新描述需处理的内容，并重新解读案主提供的信息。我们可以用自己的语言重述案主所说的内容，通过这种沟通方式，让案主了解自己是否被理解，掌握意义系统之间的差异，让案主能够纠正其所说的话，并提出分析问题的新视角。这样，就可以始终保持社会工作者与案主之间的一致性。

3. 结束阶段

面谈结束时，社会工作者必须用一定时间来总结本次面谈中所谈到的有意义的事情，与案主就所有任务和以后的会面达成协议。

社会工作者需要告知案主面谈的持续时间，这样案主才能安排他的时间，全身心地投入面谈中。假如社会工作者在面谈接近结束时发现有重要问题要了解，而且需要花费很长时间才能了解清楚，此时我们建议在下次会议中处理这个重要问题，而不是延长此次面谈时间，这样可能更合适。

当然这种情况不多，只是偶然发生。以面谈的方式收集信息，同时重新定义关系的规则和控制。如果社会工作者已经得出了结论，不要匆匆告知案主，以免让案主感到冷漠和敷衍。

三、文档

由于面谈是社会工作者在工作中使用的工具，所以有必要记录面谈重要的步骤。那么如何记录？为谁记录？记录有两个目标：对一线社会工作者而言，对面谈过程的记录可以作为使用方法的支持；对其他同事而言，面谈记录可以成为找寻干预中的重要元素。因此，重要的是要在文件夹中描述准备工作的步骤(包括目标、假设、要探寻的领域、要收集的信息)，因为这样可以对面谈中取得的成果进行验证，也确认是否需要改变介入的方向。

当然，在面谈结束后，我们必须要用一段时间把面谈的过程记录下来。无论使用哪种技术支持手段，即使是最复杂的技术支持，都有很多情况可以作为“热门”内容而被记录下来。案主给社会工作者留下的印象和感觉中，有些是可以引起共鸣的，这部分的内容相当有意义，如果面谈后没有马上记录下来，这些有意义的段落就可能完全丢失。如果面谈的唯一痕迹是一线社会工作者采取的注意事项，那么更应该在每次面谈结束后留下充分的时间进行记录整理。

就内容而言，每个社会工作者都要找到最适合自己的记录模式：可以总结涵盖的主题，标记特别重要的词语，也可以标记已经出现的信息和描述情况的图片。

下面的内容可能很重要：

- 非言语交流(案主的交流方式、外表、语调、表情等)；
- 与一线社会工作者的关系(认为社会工作者服务不合格、配合社会工作者、不服从社会工作者等)和服务(批评、指责、与其他社会工作服务的联盟……)；
- 过程方面(一线社会工作者和案主的行动、策略等)。

当然，决定、协议和结论都必须被记录下来，因为这些是下一次面谈开始时一线社会工作者将要回顾的要素。

第三节　助人过程中的面谈

在助人过程的各个阶段中都可以使用面谈，这在一定程度上有助于确定最终目标。

在助人各个阶段应用的方法中，尽管方法可以循环应用，同时既定目标是一致的，但是每个阶段的具体情况不同，其环境背景和具体问题都会具有特殊性，在这些阶段中进行的对话亦不相同。

一、情境分析

我们可以将面谈划分为“接待来访者”时发生的面谈、初次接触时的面谈、初次面谈和随后的面谈，这种区分旨在收集不同信息，以便对各种情况进行正确分析。

1. 初次接触

在进行社会和医疗服务时，社会工作者通常会专门为首次来访者提供接待服务，这也是社会工作者专业精神的体现。在接待来访者的过程中，社会工作者可以对来访者进行筛选和过滤，决定是否需要后续服务（Dal Pra Ponticelli，1987：58－59），或者为以后是否接收案主提供基本信息。

社会工作秘书处的工作人员要“与相关资源方取得联系，提供现有资源的信息，了解案主的一般需求和问题，撰写行政管理所需要的台账，这些都是为了能够提供标准化服务”（Dal Pra Ponticelli，1987：58）。

在初次面谈之后，社会工作者如果认为来访者的问题并不属于其服务的专业领域，则很可能无法继续提供服务，但是如果社会工作者在接待中表现得非常专业，准确地表达出了专业精神，在聆听和接纳的氛围下，向案主解释了其请求背后的需求及其可能性，这对案主具有重要意义，因为面谈提供的信息与其他方式提供的信息相比，更具有优势。

案主遇到的问题如果不在社会工作者专长的服务领域，无法协助其解决问题，面谈将承担“筛选”的功能，这一功能颇具实用性。如果是在公共卫生领域，由于该领域相当复杂，案主有时会觉得异常艰难。有时由于缺乏有效信息、个人局限性等，我们很难找到能够准确表述自身问题的对话者。

在这种情况下，初次接触旨在调动社会工作者的资源帮助案主。如果无法提供直接服务，则可以进行转介，将其引向最适合的地方（专业服务、赞助方、私人服务或私人社交等），并告诉来访者可能提供服务的机构地址或联系方式（Dal Pra Ponticelli，1987：58－59），实现转介的功能性。

之所以关注与案主的初次接触时刻，是因为如果社会工作者的服务可以让案主获得积极的体验，传达社会工作专业的严肃性精神，那么初次面谈则更有意义，这样建立后续服务关系就会更容易。如果案主有其他问题或诉求，也可以为其提供服务。

社会工作机构还可以建立公众接待日制度，定期在某一天的某个具体时间，接受公众的访问，这样我们的工作就更加有序，会减少随机性，避免不必要的误解。因为在很多情况下，如果案主不知道访问的安排与规则，多次找不到社会工作者，就很可能产生误解，认为“社会工作者从不在办公室，从不工作”，从而认为社会工作者这一角色不合格。

初次面谈时，社会工作者还要注意留有充分的时间，这样方能深入探讨问题；而如果有很多人排队在外面等待，社会工作者就很可能非常焦急，没有充足时间更冷静地处理重要问题。

我们现在就初次面谈提出一些反思，让大家更加了解初次面谈的一系列机制。

社会工作者要了解案主所处环境的特点，包括外在环境结构层面（案主居住的地方、建筑物的结构等）和心理层面（对案主的印象）。同时，社会工作者应该意识到哪些方面可能对案主造成影响。

社会工作机构所在办公建筑物的内部结构布局也会对来访者产生影响。办公室、走廊、等候区的布局对在这里工作的社会工作者而言是非常熟悉的，但是对第一次来访的人而言却是陌生的，来访者可能会感到犹豫不决、吃惊，甚至迷路。因此，我们可以通过运用某些行为模式（如强制放松或克服压抑）来对来访者的状态做出调整。

社会工作者要知道如何解读从案主那里获得的信息，要将这些信息语境化，并将之与案主正在经历的问题和即将遇到的问题有机地联系起来，这一点非常重要。

对一般人而言，当我们遇到一个陌生人，并且必须与之建立对话或关系是很令人尴尬的。而在社会工作专业服务中，这个过程因“自发”的悖论而变得更复杂：

- 专业的一线社会工作者需要与案主有一定距离；
- 距离太长，介入很难取得成功；
- 距离太短，会让社会工作者无法高瞻远瞩，并很可能导致过度卷入。

社会工作者对待案主的态度要亲切，让案主感到社会工作者对自己的问题饶有兴趣，同时又不过度卷入问题当中。因为只有这样，专业社会工作者才能解决问题，而且社会工作者这样做并非被强迫，而是自发地（即专业人员自发）运用专业知识解决问题并及时介入。这个过程对案主而言也会遇到困难和尴尬。在治疗过程中，案主谈论的问题与自己有关，或者与自己非常亲近的人有关。案主在寻求社会工作者的帮助之前可能有多次的心理挣扎，很可能一次次地推迟，直到最后不得不来求助。在初次面谈中，案主对社会工作者的专业表现有期望，社会工作者在服务系统中取得的任何服务经验都可能与问题的解决相关。

在问题的解决过程中，一线社会工作者的想法也会受到以往经验的影响，这些真实的经验可以帮助他们对问题做出预判。

社会工作者体系与案主体系既不是封闭的，也不是静止的，两个体系都具有开放性与流动性。随着时间的推移，这两个系统都与其他个体及社会机构保持着持续的互动，互动的强度有所不同，并不断发生变化。

案主在初次面谈时通过最初的非语言信息，将他的问题暴露给社会工作者，之后社会工作者在公共服务环境中构建一个针对案主的超级实务操作系统。

不论是案主/家庭体系，还是社会服务体系，都有自己的规则、过去的历史和交互式过程模型，在当下的时空中，两个体系都可以与其他时空交换经验并进行学习，从而有助于构建社会工作者—案主超系统。

对这两个系统彼此之间的关系进行定义并不断调整，其结果就是形成了当前的系统：每个系统首先试图确定彼此关系的性质，而另一个系统将做出反应来确认、拒绝或修改对方的定义，因而任何一方都无法拥有全部的力量来确定与另一方的关系。

同时，系统所处的地点与环境也会参与这些关系协议中。所处的环境实际上“发出”信息，并进行“标记”。在实践中，所处情境会“说”出允许建立哪种关系。因此，这就主要在非语言层面上建立起规则，限制个人行为。

有学者认为，初次面谈的特点是，当社会工作者在收集、了解问题要素的那一刻，就奠定了后续评估、提供干预策略的基础，这样就能为进一步的访谈做准备，同时探索案主社会家庭状况的方式及其原因（Zini and Miodini，1987：64－65）。这样就在一线社会工作者与案主之间创建了相互联结的空间，我们要意识到案主渴望见到的、能够倾听其声音并能够理解他的人，这样就定义了接案方式和时间。

系统模型的使用也对初次面谈进行了定位，并通过深入区分它与行政式干预的不同，强调初次面谈的重要性，这就需要社会工作者有能力收集案主问题的基本信息，以便能够进行第一次评估。进而根据案主已经提供的信息，我们的目标是了解这些信息是否充分，或者确定是转介到其他服务机构，还是开始接案，启动帮助程序。

因此，在这个框架内，我们可以进行初次口头交流。我们可以将初次面谈分为三个阶段，这三个阶段对关系的影响程度逐渐增加。

在第一个阶段，我们要定义“社会”，这包括极为重要的非言语沟通，穿插交互式表达，对案主请求、动机的可能解释，以及社会工作者对所知数据的搜寻。

收集这些信息有一定的方法，社会工作者在决定收集信息前，必须考虑案主是否已经适应了其所处的新环境，需要让案主感到身心放松和舒适，时机成熟后再提问题，并尽量提案主熟悉的问题。

如果面谈的时间不宽裕，则社会工作者很可能会缩短这一阶段，这样就会使建立专业关系的重要时刻变得程序化，甚至变成一种审问行为。

在第二个阶段，在我们解释问题的同时，还需进一步验证问题的内容，检验彼此是否抱有偏见，以及对方在之前通过信息留下的印象是否良好。

问题的核心是要明确定义案主和社会工作者之间的关系模式，以及他们与问题之间的关系模式。

社会工作者在面谈的进程中起到引领作用，他们提出一系列问题，这些问题能够传达工作的方法与中立性。实际上，在面谈过程中，一线社会工作者并不是被动地接收数据和消息，因为这些信息往往是案主在经过自身判断与选择后认为对自己重要的信息，社会工作者会对这些信息进行分析，在这些信息中建立联结，重新制订问题内容并进一步提出问题。所有这些都建立在系统假设的基础上，这个系统假设包括系统内的所有成员，并且提供了一个合理的整体运作假设。

第三个阶段对社会工作者—案主超系统的隐含规则起着决定性作用。在向案主提出建议时，社会工作者不仅要考虑如何就所设想的情况进行干预，而且还要考虑已建立的专业关系。

我们要将初次接触与初次面谈加以区分，初次面谈的任务是收集信息和要素，用于界定问题，并分析服务的相关性，在什么情况下开启专业关系，制订假设，并确定如何对这种情况开展工作。

2. 初次面谈

初次面谈发生在助人过程中，往往由负责本案的社会工作者根据情况决定。

达尔·普拉·庞提切力(1987：146)认为，初次面谈的目的是“获得并提供信息，而且最重要的是建立一种专业关系，让案主信任社会工作者，以激励案主继续寻求帮助，为解决他自己的问题承担责任，帮助其履行承诺”。

通过第一次接触所收集的信息，社会工作者将确定案主问题的领域，并确定在何时进行第一次面谈。如果家庭是最重要的系统关系，与案主的求助紧密相关，那么社会工作者将对这个领域进行特别的观察和干预。此时，建议社会工作者对其家庭进行评估并尝试联系家庭系统，即使其家庭成员对我们的邀请不予理会，不愿意参加，社会工作者也应该意识到，家庭关系对案主的求助是至关重要的。

家庭里的所有成员都需要了解社会工作服务的运作程序。社会工作者需要不时反思哪种形式最适合邀请该家庭(D’Adda and Gallione，1983)。

(1) 申请人在初次面谈中既可能加强联系，同时也存在专业关系瓦解的风险；

(2) 如果既想要进一步收集信息，又考虑到有可能不接该案，那么可以通过电话沟通的方式加强专业关系；

(3) 如果希望家庭成员感受到被平等对待，同时又让一线社会工作者能更好地传递信息，那么可以发送邀请函，这还有利于保持中立。

在任何情况下，召集都必须经过仔细评估并与申请人达成一致。我们如果采用定期会见则更加有益，因为这可以让案主及其家人有更多的时间消除或缓和任何失衡，从而减少面谈中的冲突，最终双方达成一致。

如前所述，第一次接触有益于对主要问题建立充分假设。我们必须意识到，即使我们知道是谁提起求助，谁是“案主针对的人”，了解到主要问题是什么，开始面谈时，我们仍然对案主的家人了解不多，甚至完全不了解。

我们从申请人问题的视角来审视这些问题，需要考虑其角色和在系统中的位置。因此，初次面谈可以集中在以下方面：

- 让案主完全放心、充分放松；
- 介绍自己在服务机构中承担的角色、服务内容和工作风格；
- 与你联系过的人进行沟通，并简要总结第一次与申请人会面时说的内容；
- 直接与在场的每个人对话，回顾第一次接触时获得的信息。

我们可以按照莱尔玛（Lerma，1992：115－116）的观点，就下面内容提出问题：

- 调查对象同意参加面谈的原因，以及他们对协助解决问题的看法；
- 根据不同的对话者定义问题；
- 对现在和未来可能的解决办法进行评估；
- 分析与其他重要社会系统的关系；
- 家庭的历史；
- 了解如何做出决定。

二、评估

社会工作者就案件做出第一个假设之时，就已经开始了评估。评估作为一个过程，一线社会工作者完成了资料的收集与分析之后，就能够进行完整的评估。这是一个较精确的时点，在这一点上，面谈是必要的，其具体目标是向案主反馈一线社会工作者已经建立的评估，并且也可能是后续案件治疗中双方合作的基础。

费拉里奥(1996：148)认为，在控制过程的同时，必须向案主提供评估内容，说明支持的步骤和原因，并在过程中持续审视行为的意图和操作路径。

在这次面谈中，重要的是明确告诉案主评估的结果并收集反馈意见，尝试与案主发展合作关系。案主很可能不接受社会工作者做出的评估，在这种情况下，一线社会工作者将必须仔细考虑评估建立的过程，但是这并不一定意味着必须对其进行修改。如果在关键的问题上评估路径没有错误，那很可能是案主自身的原因所致(例如，父母的亏欠以及子女远离)，案主很难明确分享评估的内容。

在这个阶段，社会工作者在访谈前必须认真准备，并且必须假设和反思实质性工作结果，对此必须仔细检查正确性和一致性，避免妄下评判。

社会工作者不仅要针对问题的本质进行评估，还要在整体上进行多方面评估，这包括案主的人际关系、案主与社会环境的关系、案主所处的情境以及促使其寻求帮助的原因，以及案主要求一线社会工作者根据该机构的社会授权进行干预等情况。

因此，社会工作者在职能上，不是体现个人意识形态、政治或道德信念的主体，也不是“一般性”的个人概念，而是具有社会认可的职责机构的专业人员。

和以往一样，在评估阶段，我们需要明确评估呈报的对象，这点非常重要。因此，我们不仅要明确与谁进行面谈，还要澄清评估是否只局限在社会工作者与案主关系内部，如果不是，那么，评估还将呈报给何人？在报告中将与案主讨论哪些方面(如法院、机构办公室、学校等)？

三、服务协议

在这次面谈中，我们将重新定义社会工作者与案主之间的关系。与以往的面谈相比，此次面谈更加要体现平等。通过评估建立服务协议，这意味着双方认可即将开展的干预项目。为了更好地实现介入目标，案主和一线社会工作者都必须遵守每一项承诺，使用一系列支持工具，如表格，这是非常有用的。针对一些专业领域，机构可以预先确定一些干预标准（寄养、家庭护理、康复干预、经济和教育状况等），或者使用较为简单的格式文本，写明社会工作者可能提供的服务，明确规定对案主提供哪些服务，并由双方签字。签订书面的服务协议非常重要，也是此次面谈的意义所在，这一过程不能行政化、官僚化地走过场，这样可以避免评估阶段可能由于解码困难而造成的误解。从专业关系的角度来看，这肯定也是一个关键时刻，此时，所有以前面谈中建立起来的关系中有问题的节点都将会出现。社会工作者如何能够在第一次面谈中建立明确规则，设法灵活地保持对关系的控制，在帮助过程中让案主能够主动采取行动并让案主知道他的努力，是服务协议取得成功的重要内容。

四、项目的实施

在实施该项目的过程中，要通过面谈制订具体的干预计划，除此之外，还将根据已有的资源进行社会心理咨询。面谈是非常能够体现社会工作者专业水平和功力的“职业表演”，社会工作者使用的资源体现了他进入专业关系并面对关系类型问题的能力，同时也体现了面对案主请求（如获取福利）的专业能力。这些面谈具有价值，因为面谈本身具有治疗性。社会工作者介入的目标是通过自己的专业参与，对案主态度及其与家庭的关系带来重大变化。

五、验证

验证这一方法很可能中断已有的助人过程，但是有时候，在项目进行面谈的时候需要对具体目标进行深入核实。此时，双方将重新回顾已达成的协议，核实双方是否信守承诺。社会工作者从其他参与知情者那里收集信息，为验证做好准备。社会工作者的助人计划实际上已经有条不紊地在进行，并且在实施过程中并没有给案主机会说明防止某些情境发生的动机。此时刻很微妙，社会工作者可能高估了服务中或社区中的资源，导致案主的问题无法得到解决，而社会工作者很可能因此被取消资格。

六、结论

面谈的结论至关重要，同时也很微妙。遗憾的是，社会工作者与案主之间的关系通常已经习惯于像慢性病一样的久拖不决。我们在干预项目中，每实施一个干预措施，就应预见可能的结果，因为通过这种方式，信息将反馈给案主，这会使能够摆脱问题的案主学会自助，而不会永远依赖社会工作者。显然，在最后时刻，通过访谈对项目进行验证将提供一个“时机”，并有助于正确引导案主。案主可能还是觉得不确定，担心无法独自做到这一点，甚至可能感到被遗弃，很难处理这种“分离”。社会工作者一直对案主进行帮助时，案主就更加感到难以分离。如果在助人过程中，社会工作者帮助案主重建了有意义的关系，在访谈结束时，就需要回顾一起走过的路径，同时相信案主在这个过程中学到了自助的技能。对过程中重要阶段的重新审视，尤其是内容和关系的建立，当然需要注意不能传递相互矛盾的信息，而应该传达更多愿意帮助的内容，并相信案主可以独自做到这一点。

第四节 其他重要主题的访谈

专业活动的开展除了对案主表达“关怀”之外，还需要建立一系列重要关系：与同一行业或其他行业的同仁、合作者、管理者、服务人员、政治家，其他机构的代表或当地资源。克雷斯皮(Crespi，1987：16)就社会工作的性质进行阐述，认为社会工作者的首要干预职能是“关系系统专家，具有促进各种社会主体之间沟通的功能，在机构和组织结构的人际关系层面，推动社会所有成员更有意识和自主地参与预防和援助”。

在与这些案主进行访谈时，有三个层面需要使用工具：

第一个层面与案件本身密切相关。在方法实施过程中的不同阶段，或者从相关主体获得信息并完成对案件的分析，或者与同事讨论、分享已做出的评估，或者验证干预项目中是否可以增加某些资源，不论这些资源是正式还是非正式的，或评估其进展情况。这些是间接干预，因为即使对案主进行援助，也没有看到他们的直接参与。

第二个层面主要涉及项目的整体规划。根据整体规划来设计发展沟通关系，这需要考虑到提供服务组织本身的领域。在这种情况下，我们会更多地提及政治家、服务经理、机构资源代表、公民社会代表以及社区的特权见证人。在面谈之前，社会工作者需要集中精力做好准备工作，最大限度地利用时间并以精确的方式完成面谈。因此不能低估这些关系，要将它们正确地放在体制框架中，并从专业的角度关注这些关系，这一点非常实用。实际上，这些活动并不仅有益于实现一线社会工作者的目标，既涉及案件，也涉及预防性干预和促销项目，而且还有助于建立面对复杂性维度所必需的协作关系网络，这是专业社会工作的特点。负责治疗的社会工作者之间的对话，以及一线社会工作者与其他主体之间的对话可能遭遇一系列困难，这些困难涉及理性内容及所传达内容的情感、对话者的职位与能力、每个人都根据他人对自己的评价建立社会认知、过去的冲突/协作经验、相互期望。无论如何，应该在合作背景下发展这种关系，并且假定主体平等的重要地位，承认每个人履行角色的特殊性及其贡献。但是这一过程可能会出现障碍，特别是当专业资源属于不同服务，工作方法和目标不总是协调一致或处于不同的层级时，抑或当面谈不属于机构的服务领域，有其自己的逻辑和意义系统时。为了在面谈过程中建立协作关系，有必要“理解对哪些代码需要达成共识，将语言结合起来以便理解共同的工作，并避免出现混乱的情形”（Zini and Miodini，1997：79）。重要的是，要清楚、简洁地表达自己的观点，强调其面向的要素，同时启动相互对话，注意不能僵硬地采用对立态度，而是需要使用谈判策略。如果面谈的内容直接关系到案主情况，最好选择对话者传递信息所必需的信息，而不能忽视对案主隐私的保护和尊重。

第三个层次与前面的层次有所不同，指的是社会工作者就案件本身提出建议，或者向督导提出专业咨询。咨询的特点是，在咨询过程中，有时会出现复杂和困难的问题，需要社会工作者有专业能力。例如，社会工作者可以要求进行心理咨询或去精神科咨询，这样可以丰富评估的资料；可以联系法律专家，以更好地了解案主的问题或提高社会工作者介入的可能性；还可以咨询社会学家，获得系统信息或建立一项研究。在这种情况下，社会工作者要明确提出问题，这一点很重要。同时，为了让督导提出全面的专业建议，社会工作者最好毫无遗漏地提供案件的已知要素。另一方面，监督的特点是随着时间的推移提供更持久的个体化支持（De Robertis，1986：186），这是一个专业干预的超思维系统，即思维一元。这样，通过组织外部专家指导的反思，可以帮我们进一步发现问题，与行动保持平衡，用一种“情感清晰”来分析职业行为的情绪维度和方法维度，并用一种批判的精神和研究的精神来对干预的正确维度进行重新定位（Allegri，1997：35）。面谈的准备类型与所采用的督导方式密切相关：使用分析网格，记录与案主的面谈，或在面谈中可以有效地运用其他形式的反思支持，如运用相关的理论、方法论、情感支持等。显然，社会工作者可以寻求督导对其岗位的支持与建议。

第五节　系统地进行面谈

在本节中，我们将讨论在助人过程中社会工作面谈的主题，这一系列内容可以迁移到其他适用领域。

关系系统的假设会导致社会工作者在面谈中针对不同行为采取特定技术，在新探索中，最重要的是心态。我们可以问“你是为了什么目的”，而不是问“为什么”。因此，如果我们在评估的时候只是涉及个体及案主的核心家庭情况，就不可能找到问题的根本原因，而是应该在更广泛的个人或家庭所居住的体系中，探讨被认为不安、病态、越轨或异常的行为。这种面谈不是旨在研究问题的触发原因，而是为了制订今后的干预计划而探讨针对该系统的“操作逻辑”。

为了让一线社会工作者能够在面谈中具体地开发这些方法，我们将参考由塞尔维尼（1980：7－19）等阐述的假说、循环和中立的概念，这些被视为家庭治疗的基本原则。同时，也借鉴卡尔（Karl，1990、1991）做出的贡献，他认为社会工作具有特殊性地位，并强调家庭治疗和助人过程之间的深刻差异。我们从中采纳符合社会工作者日常实践的理论模型与方法建议。

我们将在具体的段落中讨论与第一次面谈有关的一些问题。

• • • 一、假设

在前一章中，我们建议从交互过程的早期阶段开始。该程序允许案主以一种截然不同的全新方式观察他的问题，即系统是随着时间的推移而不断发展(因果)。

在案主提出求助请求时，他实际上已对问题及相关的数据和信息进行了评估，并按照自己的逻辑来链接和阐述这些信息。在经过这些步骤后，案主得出的结论是：在这种情况下，需要修改某些要素，确定要解决的问题，让一切都恢复正常。

如果一线社会工作者运用相同的信息和与案主一样的评估程序，那么就会接受案主所使用的意义系统，从而限制自己的专业评估，并很有可能得出与案主相同或类似的结论。在这种情况下，干预技术的特点在于提出不同于案主系统自主尝试的解决方案。

社会工作者可以在开始时分析案主的选择和联结信息的方式，然后以服务系统专业人士的眼光，合理地进行逻辑判定，并且最终引导案主系统以崭新的方式看待问题。

在进行调查时，一线社会工作者根据当时所掌握的信息来进行假设，并在假设中获得支持。

塞尔维尼等(1980：9)援引《牛津词典》中“假设”的定义，认为“假设是推理的基础，不需要具有真实性，可以作为调查的起点”。在进行面谈时，假设是最好的工具，因为它可以保证一线社会工作者按照合理的线索研究，当案主家属提出自己的主张时，假设可以防止对此采取消极态度。

但是永远不要忘记，假设具有临时性，我们可以说这是观察事实的时刻。假设的主要功能是定位社会工作者的调查和活动，理解组织系统并构建关系图。关系图会显示家庭内各成员在系统内的位置，以及其他系统的地位。汤姆坚持认为，“社会工作者采取假设的方式，可以精心运用已知的资源来对现有问题进行解释”（Tomm，1990：41）。通过假设“激活认知，寻找观察点之间的联系，结合个人经验和学识，对问题的生成机制进行解释”。

假设可能或多或少是别出心裁，具有提示性或令人着迷的，但是它的功能价值是根本的。事实上，正如有学者所评论的，“无论确认、驳斥或修改，都产生反馈信息。那么这种反馈信息本身就是关系，它不仅会增加社会工作者针对此事件的知识量，而且会为整个系统（观察到的研究对象）带来复杂性和新颖性”（Fruggeri，1984：24）。

事实上，即使假设不能得到支持，也无法得到验证。假设也是有价值的，因为假设排除了一定量的信息，而这些信息在之前一直被认为与问题具有可能的联结。

此外，通过假设提供的信息，一线社会工作者可以用新的方式联结这些熟悉的事件，摆脱以往解释带来的陷阱，帮助案主摆脱频频失败、贫困、有罪、受害、疯狂、违法等种种标签，并通过改变来激活案主。

为此，塞尔维尼等（1980：11）指出，假设必须是系统的。也就是说，假设必须包括所有家庭成员，并能为我们提供一个整体关系的运作模式。

因此，假设将所有成员或至少是家庭成员的行为联系在一起，该行为是当时特定于该系统的行为，并且建立在所收集的数据基础上，并以有意义的信息为基础。

为了在社会工作的助人过程中构建假设，莱尔玛（1987）提出了三个阶段。

首先，我们需要对第一次与案主接触得到的信息进行精准反思。通过反思，社会工作者可以得出初步假设，这个假设是暂时的，当然也是初步的。然而，这些内容可以帮助社会工作者确定在访谈中要调查的一系列相关的潜在领域。

随后，通过数据的收集及其重要信息的联结，社会工作者可以探索如下领域：核心家庭中各个家庭成员之间的关系；家庭与外部系统的关系；在家庭生命周期中，家庭成员对重大事件的感知及其应对方式之间的关系。因为我们假定请求和提供服务的问题是在系统中的，以这种特定的方式，我们将尝试了解家庭行为的目的。

最后，社会工作者可以将通过各个渠道、层次（关系型、社会经济型、健康型、教育型）获得的数据信息整合起来。这些信息包括家族游戏假设（系统中个体成员的位置和职位），这与它涉及的超/子系统有关。

要使假设更加有效，还必须拒绝对假设的还原和误导进行解释，避免老生常谈。假设还必须建立在扩大观察领域的基础上，并为家庭问题提供更广泛和更明确的建议。

二、循环原则

如上所述，面谈中提出问题需要接收的是信息，而不只是消息。

有两个概念必须明确：

- 信息是有差异的；
- 差异是一种关系（或关系的变化）。

如果采用这些假设，必须根据循环原则设计问题。

塞尔维尼等（1980：13）定义了一线社会工作者能力的循环性，即“基于家庭关系的信息反馈，根据家庭关系的差异和变化进行调查”。

在提出循环问题以及获取信息的同时，我们实现了介入案主家庭的目标，建立了不同事件之间的联系，这使我们能够获取看问题的新视角。我们要尽力完整地填写家庭信息卡片，要求案主提供与家庭有关的信息，并将提出的问题与其所处的背景相联系。为了设计能够引起案主反馈的问题，必须考虑到如下几方面因素。

（1）问题必须是三方的，也就是说，他们必须邀请一名成员来描述另外两人之间的关系。正式邀请家庭成员在他们面前互相传达两个人的关系时，必然引起各自的反馈，从而有助于确定该家庭的互动模式。描述在这种对话背景之外的鲜为人知的经历，可以帮助家庭成员公开确认他们的相互关系。

（2）必须向所有家庭成员提问，这样社会工作者才能找到表达自己的空间。当孩子们在场时，我们也不要忘记问问他们的看法，因为我们谈论的内容与他们的生活息息相关，他们对问题和关系有自己的看法。最后，我们要注意使用的语言，有必要使语言适应他们的年龄和理解能力。

（3）我们在即将解决案主的不良行为，以及帮助他们用理性情绪对问题进行解释时，不要忘记处理事件引发的情绪与感受，这些事件往往与其他事件存在差异。考虑到随着时间的推移，这可能有利于专业关系的巩固，所以我们对具体行为的调查将在特定情况下进行。

（4）家庭成员可能有自己的信息和符号体系，重要的信息可以从这些术语中获得。每一个符号都有可能突出显示任何差异，家庭成员和一线社会工作者都清晰地了解这些差异。

（5）我们必须寻找特定关系和非预设关系中的行为差异，以及特定主体的缺陷或共时差异。

（6）在特定行为或特定交互方面，可以让更多的家庭成员来进行家庭排序。这允许家人的沉默，允许存在差异，以了解家庭游戏中各成员的不同位置。这个问题必须连续问多位家庭成员，即使他们同意其他人的排名。

（7）问题可以涉及特定事件发生前后，家庭中人际关系的改变或历时差异。

（8）问题还可以涉及对未来的预测，并可以对未来提出不同的假设。佩恩(Penn，1985)认为，这些问题可帮助家庭进入“前期”过程(前馈、反馈的互惠)，可以唤起家庭潜在的变化。通过这种方式，家庭成员可以了解他们是否具备解决问题的能力，这样就帮助案主家庭对重复出现的问题进行解锁。汤姆(1991)指出，“问题家庭有时非常担心他们当前的困难或过去的不公正，实际上，他们看不到未来”。问题家庭只关注正在经历的问题，很难创造未来。

我们可以协助家庭制定“家庭目标”，确定每个家庭成员和家庭系统的目标，或探索未来可能的选择，或探讨干预的预期结果，引入假设可能性，协助受助者提出自己的想法、对未来的行动，帮助他们表达恐惧，挖掘隐藏的主题。面向未来的问题可以用来构建故事，也可以造成困境，但是不管怎样，在这个过程中，社会工作者可以给案主灌输希望和乐观的情绪。

在第一次面谈的时候，社会工作者就可以运用这类问题来调查与评估。通过这种方式，社会工作者可以将注意力集中在如下方面：每个成员如何定义问题；如何对问题做出反应；已经尝试使用了哪些解决方案；由谁做出以及取得的结果如何。不论在情景设想中是存在差异还是相互一致，这都可能是进一步了解问题的基础，这些问题有利于发现问题，搜寻更多的信息，并进一步提出更复杂的假设。

另外，这一程序将有利于增加家庭成员之间的互动，他们可以在互动过程中相互发表评论，要求其他成员对行为做出解释，并根据每个人向一线社会工作者反馈的情况进一步提问。此外，它将有利于家庭系统在互动中实现愿景，熟悉系统后，有利于建立对系统的逻辑—文化假设(如概念、判断、神话等）。

这样，社会工作者就能够避免纠缠在案主喋喋不休的讲述中。虽然案主在讲述中提供了许多消息，但是有些消息并不是社会工作者真正需要的信息。社会工作者对家庭各个成员的不同观点要保持等距离，抱着开放和自由的心态。如果他们的观点中存在偏见或者刻板印象，那么需要不偏不倚地进行合理引导。

三、中立

塞尔维尼（1980：17）等认为，社会工作者的中立性是在家庭面谈中产生的实际效果。保持中立并不意味着要态度冷漠、超然、毫不在意，而是给家庭中的每个人一种不会站在任何一方的印象，不给任何人贴标签。

社会工作者在面谈期间与家庭成员建立了交叉联盟：他向每个家庭成员提问时都会这样做，但是在整个面谈过程中，作为最终结果，联盟的代数总和将为零，因为随着循环，人们会避免将某人视为特权对话者。

在家庭中，有些成员可能会试图占据山头、拉帮结派，损害其他人的利益。社会工作者必须从第一次接触开始，就识别并阻止这种行为。

事实上，那些向社会工作者求助的人可能是最有动力采取行动以恢复系统平衡的。这样，我们和这个家庭的联系人建立了关系，事实上就是找到了一个可以与之建立联盟的人。当他意识到这种状况时，不论是否有联盟的意图，他都会认为自己是家庭中最重要和知情的对话者。他们可以被认为是“合作治疗师”，可能比一线社会工作者具有更丰富的经验。在这种情况下，他会倾向于强化其角色和规则。我们必须通过他更多地了解其家庭，他将决定召集谁，何时召集，他制订的诊断方案是否是“真正”的，还无法讨论。

如果社会工作者由于对家庭情况知之甚少而接受了这个有特别兴趣的合作者，可能就会无意识地进行了标签化。因为尽管他提供的信息是客观的、准确的，但是事实上，社会工作者无法分辨这些信息。或多或少地，社会工作者会不自觉地听信其观点，从而排除了了解其他家庭成员观点的可能性，这些家庭成员就会将一线社会工作者视为敌人或不能信任的人，于是不会向社会工作者提供信息。此外，社会工作者对解决问题的任何尝试都可能遭到其他家庭成员的反对和抵制，这将增加一线社会工作者对案主标签化的可能性，引发其他联盟的对称升级，在这个过程中没有赢家。

如果初次接触的人成为社会工作者的案主，这并不意味着他就代表这个家庭。因此询问谁决定选择合适的人来找到问题的解决方案，谁同意参加会议，谁不同意参加，这都是有益的。

在面谈伊始，总结初次接触的内容，并可以问大家“有什么问题”。这个问题传递的信号是，社会工作者没有与求助者处于一个战壕，在场的每个人都很重要，同样值得关注。社会工作者也要关注缺席者，“让缺席者发言”，向在场的人询问缺席者可能的想法，这样就可以让家人看到问题，然后让他们参与到关系的讨论中。这种方式传达的信息是，未出席者也是属于家庭的，即使在面谈中无法到场，社会工作者也要认为他们很重要。

采取中立的态度并不意味着无法进行评估。社会工作者的有些面谈必须以其他机构（如未成年人法院的委托、收养等）的评估作为基础，并且项目的干预措施必须建立在评估的基础之上。然而，这将是一次关系评估，案主将成为参与者，他将牢记不同人对干预计划的可能反馈以及可能引发改变的压力。

中立性的概念在咨询背景下很容易理解，但是当面谈中可能出现控制与被控制时，就很可能造成困惑。因此，社会工作者需要知道，在面谈中采取中立态度并不意味着对个人的行为采取中立态度。这些往往会对弱势群体（如未成年人、残障者、老年人）产生影响，因为这些弱势群体需要得到特殊的保护。中立的态度有助于理解这些行为是如何体现出来的，是如何被决定的以及如何得到支持，并帮助整个系统找到（如果可能的话）方法，避免功能失衡。

第六节 家访

家访是在案主家中进行的面谈，家访可以通过研究或者观察家庭环境等方式加深对诊断问题的理解。这是社会工作者使用的相当典型的工具，可用于任何类型的服务。然而，这方面可用的相关参考文献寥寥无几。

如前所述，沟通背景是理解和对信息解码的基本要素，因此很显然，与在办公室进行的面谈相比，家访更加与众不同。

在社会工作机构中，社会工作者非常了解其所处的环境，明确机构的规则，知道机构的专业领域、困难和局限性。这样，一旦有突发情况，社会工作者可以想方设法减少可能的障碍，在沟通中进行倾听和接纳，努力实现面谈的目标。

而在案主家中，社会工作者对所处的环境是陌生的，针对家庭成员而言自己是客人，很可能感到不是很舒服，甚至有些环境可能会有威胁，出现他无法管理或无法预见的干扰，此时维持专业关系可能并非易事。

尽管如此，家访能够提供专业的意见，过程是非行政化的，因此对适宜的家庭进行家访非常有益。如果案主主动要求社会工作者去他家，或者由其他一线社会工作者提出这个建议，则可能会非常不同。

在第一种情况下，社会工作者可以评估下面内容：

- 如果是在初次接触时提出请求；
- 如果是由案主直接完成的，或者他人；
- 由于案主无法前往服务机构(如行动不便的老年人、残障人士，由于所处特定地点而无法接触到有关服务)；
- 请求不仅对案主或服务会产生影响，而且对他们的关系也会产生影响。

一、家访作为建立助人关系的请求

我们可以将家访视为案主或其他主体与社会工作者取得联系的一种手段，在这种情况下，家访承担的是“报告”的功能。通常，社会工作者最好在服务工作内开启助人关系。决定参加这项服务，这本身就是代表着一种“动力”，意味着求助者愿意与社会工作者一起探索自身的问题，面对问题并期待改变。

此外，组织背景会更直接地强调三种关系(社会工作者—人—制度)，促进三者之间的相互定义，使彼此的关系规则更清晰，这也标志着社会工作者提供的服务更具有专业化。有时报告者并没有意识到这个问题，他们在没有明确目标的情况下让社会工作者去案主的家中，为案主提供服务的理由并没有说服力。

在这种情况下，向报告者澄清立场并邀请他激励案主直接与社会工作者取得联系的做法非常有效。在个别情况下，可以让其陪同案主共同前来。

但是，有些情况下，无论是由信号发出者直接提出，还是由案主提出申请，都是由于案主实际上无法直接前往服务机构所致。例如，年迈的老人、生病的人或者残障人士，有时候也可能因为服务本身是在特定地域而导致求助者无法前往机构。显然，在这些情况下，请求是合理的，动机明确，因此必须被接受，并注意明确界定专业关系。

如果社会工作者在求助的信息中找不到重要动机，那么可以探索案主的期望，并了解他提出此请求的前提，这可能是有用的。社会工作者最终可以接受或拒绝该请求，但是要注意自己结论的得出是否为时尚早，自己需要重新定义在首次接触后进行家访的时间和方式。然而，这种选择将由一个假设来指导，这个假设来自对需求及特定情况的专业评估。

二、助人过程中的家访

在助人过程的各个阶段，社会工作者都可以进行家访，将家访视为对不同目标做出反应的工具。

(1) 从建设干预项目的角度收集信息，使分析情况更加完整。通过家访，不仅可以直接了解案主的生活环境，而且还可以从观察现实情况的角度出发，将此观察作为与案主进行进一步沟通的内容。实际上，内部访谈能够掌握案主行为与周围空间之间的关系，探索家庭的组织形式，确定关系的一致性，这些内容不仅是客观数据，而且也可以作为家庭内部关系的指标。这就允许社会工作者在日常生活的维度上观察不同家庭成员之间的相互关系，与已经熟悉且习惯的办公室环境相比，案主家庭的可控性较低，但是我们也不要忘记，社会工作者的出现有助于得到案主家人的重视，而不会表现得像平时一样。当制度要求在这一阶段对案主进行家访时，社会工作者不要在迫不得已的情况下去做，认为是机械化的制度要求。事实上在这期间通过家访获得的服务或评估情况，可以向本机构或其他机构提供信息，这一点很重要。必须记住，这一时刻的实践之所以重要，是因为家访是重要的方法论内容。

（2）在司法当局明确授权、关系明确的情况下，执行控制职能。在这些情况下，面谈的主题将与项目的干预措施和任务密切相关。一线社会工作者必须面对的困难在于，不论在关系层面还是内容层面，都存在是帮助还是控制的矛盾。

（3）在助人过程中形成支持关系。在这些情况下，家访的突出特点是作为一种关系信息，表达出获得帮助的可能性。一线社会工作者正在接近案主经历的特定时刻或某种情况，这也可以成为开启援助过程的一种方式。我们确认已经取得进展，并且案主准备在没有帮助的情况下前行。

即使在助人过程中，案主也可能会请求社会工作者去他家。反思这一请求的意义非常重要，特别是如果没有不能去案主家的理由时，那么就需要询问社会工作者和案主之间建立的关系价值，这是一个根本性的问题。我们可以在更广泛的关系型家庭/服务游戏中看待这一举动，并分析其可能的影响。

案主可能希望将社会工作者带回家，将社会工作者作为强大的盟友而向某人进行展示，或向一线社会工作者提供他口头无法表达的信息，抑或让他遇见无法前往办公室的人。案主有时可能只是想“测试”社会工作者提供关怀的意愿和兴趣度，或者试图将游戏转移到更熟悉的地方来控制彼此建立的关系。

在对这一请求进行仔细分析之后，无论是接受还是拒绝这个建议，都可能导致错误，陷入关系陷阱或危险的纠缠中。如果社会工作者严格拒绝该提议，就不会进入关系的对称升级中，并且社会工作者可以重新定义该请求，或者在一定程度上解释此举动。例如，我们可以通过一系列问题来探索案主对此请求的期望，这可能很有用。我们将获得的信息与其他重要数据关联起来，并在信息的流动过程中观察其反馈情况。社会工作者最终可以接受或拒绝该请求，当然也可以就家访请求的时间和方式进行修改。这个选择事实上与社会工作者和案主之间关系博弈的假设密切相关。

在某些情况下，社会工作者也可以提出家访，并要充分考虑到来自所在机构或其运作机构的一系列限制，将家访作为干预内容的一部分。在一些体制环境下，家访可能已经转变为“行政化”的要求，以获得一些服务（如家庭护理），或者可能是另一家机构（如法院）所要求的操作程序的一部分。

在这些情况下，社会工作者可能会冒风险，这种风险主要体现在自愿性干预目标已经被付诸实践，并且可以通过清空其实际潜力的工具来实施该规则。因此，家访是在选择中必不可少的。社会工作者认为，通过家访：

- 可以协助案主找到家庭关系的环境（支持、控制）；
- 这是他希望通过家庭访谈实现的目标；
- 对这种情况的假设；
- 哪些领域需要探索才能获得有意义的信息。

事实上，社会工作者需要澄清以上因素，否则他就有可能只看到案主想让他知道的东西，或者进一步确认他在毫无意识情形下形成的偏见。

显然，在任何情况下，家访都需要有特定的目标，这是家访的特征，同时也可以特别关注一般方面。

家访的准备工作必须准确无误，明确为什么要到案主家中，收集哪些信息，以及要提供什么（如果有的话）。

在整个面谈过程中，社会工作者必须保持对目标的关注，以免陷入像在客厅“拉家常”的对话环境中。特别要注意非言语信息、鼓动性的行为，注意观察环境背景和现场各主体之间的相互作用，这些都是非常有用的。

此外，社会工作者还需要记住，即使在这种情况下，对现实的了解也不完全是客观的。事实上，观察者的存在已经在一定程度上改变了正在分析关系的复杂性。

在这些反思结束时，值得记住的是，家访和其他访谈一样，必须与案主达成一致。即使社会工作者对案主的关注体现出典型的社会控制功能，社会工作者也不是警察，并非旨在发现案主处于“作案”状态中。

如果家访没有事先与案主达成一致，但在特殊情况下，必须进行家访，那么要尽可能根据关系类型来选择通知案主的最佳形式（如写信、打电话等），这一点很重要。

第八章

社会工作介入的典型领域

第一节 心理社会咨询

在这节内容中，我们不打算讨论专业关系的特点，也不想分析咨询中出现的问题，而是要反思社会工作中必须恢复和加强的一个方面，让社会工作者的专业能力达到最大化，提升助人过程的效果。

心理社会咨询的特点是：社会工作者在助人过程中需要发挥一定资源，并能够及时澄清相关问题，这也正体现了助人者的干预水平，支持案主实现新的平衡。

达尔·普拉·庞提切力(1987：57－60)强调，心理社会咨询是社会工作者日常工作中的一项具体任务，无论在理论上，还是在方法探索上，都代表专业能力的最高水平，社会工作者肯定不会让其他专业人员(心理学家、精神科医生、医生)做这个工作，而是会独立完成这一任务。

在社会工作的面谈中，有种类型较为特别，当“处理与案主或整个家庭困难有关的问题时，这些问题常常伴随着新角色或临时性社会角色带来的冲突(如退休、青春期、怀孕、移民、失业、刑满释放、患病)，或个人必须改变对社会及其规则的态度(社会工作中的缓刑)，或在有困难的情况下，家庭中的人际关系冲突或社会机构功能失调等，或者个人能力面临问题，或有慢性病老人的家庭、残疾人家庭的人际关系出现冲突、恶化”(Dal Pra Ponticelli，1987：57)。

我们大致同意这一心理社会咨询的内容，但是如果能在此基础上做进一步澄清则会更加有益。我们需要区分心理社会咨询与解决关系型求助之间的不同。差异主要在于，干预项目中进行的咨询干预措施可以在其他要求中产生(如福利援助)，也可以嵌入控制环境中。

一、在专业范围内进行干预

我们可以看到，社会工作从最初针对边缘群体和问题人群提供服务，转到为所有公民提供服务。随着这一概念的变迁，社会工作在助人的同时，还增加了对具体问题的专业咨询。专业助人需要获得个人和家庭的“正常性支持”，在这个复杂的社会中，即使人们在日常生活中扮演自己的角色，也会遇到越来越多的困难。

此外，近年来家庭出现一系列变化，新型贫困出现，伴随这些现象而来的一系列问题需要有新的解决方式，所以社会工作的发展进程会加快。

社会工作需要处理夫妻关系问题、分居问题、离婚问题，以及这些问题对儿童教育、未成年人监护和青春期问题带来的影响，同时还面临遭受重大事件打击(吸毒、精神疾病、残疾、患病或亲属死亡等)的困难家庭。

谈到家庭生命周期的概念(Scabini E.，1985)，我们可以将家庭咨询、求助与家庭压力事件所面临的解体阶段相联系。有些问题是与家庭的进化问题相伴，而有些问题可能是源于家庭系统之外。

在这种情况下，干预项目的成败不仅依赖于已有资源的支持，更在于助人关系的全面发展。助人关系可以成为促进案主成长及其家庭发展的工具。

社会工作者将与案主进行一系列面谈，面谈内容将涉及家庭系统中的重要成员，这些成员对问题的解决意义重大。

心理社交咨询的面谈能够回应这些总体目标，与案主分享目标。例如，澄清和解决当前存在的问题，重新定义规则，在此过程中支持案主和各子系统(祖父母、父母、子女)。协助子系统之间保持适当的距离，有利于促进案主和家庭成员完成任务，激活内部和外部资源。

从此意义上讲，社会工作者的干预不同于其他职业(心理学家、精神科医生)所进行的心理治疗干预。社会工作者开展的心理干预着重激发家庭成员的潜能，帮助家庭成员渡过危机，促进家庭资源重组，让家庭成员意识到其面临的问题，克服家庭发展中的障碍因素，改变可能导致家庭功能失调的互动模式。

二、其他情况下的心理咨询干预

我们一再重申，社会工作者提供的服务不仅限于承担行政化的福利功能，还要分析每个请求，并针对每个请求建立正确的助人关系。无论社会工作者的工作环境如何，我们所运用的模式都不能忽视任何问题或干预带来的关系效应。因此，即使在支持、控制或评估的情况下，心理社会咨询的干预也不能缺席。因为在这种情况下，面谈所涉及的干预项目往往很复杂，包括特定的干预措施和服务。项目会融合各专业人士共同为问题的解决贡献力量(家庭护理工作者、教育工作者、康复治疗师、心理学家等)。

社会工作者要有意识地将这种关系作为专业工具，对情况进行完整和深入的分析，对案主所处状况进行准确评估。通过干预项目，验证所追求的目标。在助人过程中，社会工作者要在特定的时空内处理关系，既包括案主所在系统的内部结构，也包括案主接受服务的超系统结构。

在这种情况下，特定的咨询面谈可能会有不同的结果：可能为案主准备了特定的治疗方案，这样有利于掌握案主动态，提供专业支持，抑或与案主建立专业关系，旨在协助其解决问题。

我们需要考虑的一个特殊方面是，在改变案主现实情况的过程中，失败的可能性及规模。比如，可能发生的情况是失败导致案主抑郁，感到自己无能为力，怀疑人生及自己的潜能。因此，我们在与案主探索资源并尝试改变之前，要认真、充分考虑并处理好这些方面，这一点非常重要。

我们既要考虑到问题的整体性，同时也要考虑到在同类问题上不同案主的特殊性，以及伴随物质需求无法得到满足和/或社会越轨行为中的关系效应，尽量了解功能症状，解释主体和家庭系统，而不是机械化地套用日常逻辑提供服务。

最重要的是在护理和控制方面，社会工作者必须确定并明确界定心理社会咨询和其他类型干预之间的界限，以避免束手无策，防止助人系统中专业关系的失效。

三、对管理层的一些建议

本部分的内容可与前文所述的系统模型相结合，用于心理社会咨询。

这一领域也有先决条件，所有社会工作面谈类型的共同点就是培育同理心，积极倾听案主的心声。通过这种方式，向案主传达对其本人及其问题的接纳，也能够表达出对其问题独特性方面的兴趣。

社会工作者要协助案主表达、讲述自己的故事，这通常从案主自发提供的内容开始。社会工作者根据专业假设对案主的表达进行引导，帮助他将不同的信息联结起来，这有助于帮助他看到新机会和可能性，提升潜能，这也是社会工作者咨询访谈的心理社会基本功能。

在这方面，社会工作者如果怀有一颗“好奇心”，这种态度对专业关系大有裨益。因为社会工作者一旦抱有好奇心，话题就容易进行，而不至于冷场。当你接收到案主的信息时，不要匆忙轻率地表达“我明白”，因为这很可能包含着偏见、刻板印象，或者让案主感到不被尊重。出于同样的逻辑，要尽量避免提出包含隐含答案的问题，因为这会限制回答者的思路，无法彰显案主回答问题的个性化。如果社会工作者难以深入阐述其思路，或者与案主所处的思维状态相距甚远，那么案主很可能认为社会工作者不符合要求，面临矛盾。

在此过程中，重要的是要注意沟通的具体方面，社会工作者可以通过简单的方式观察和/或描述与日常生活相关的问题，而且还包括个体与环境的能力与资源。

社会工作者的目标是构建案主自决的过程，在助人过程中提供服务。社会工作者不可以对案主提出的问题预先设定答案，也不可以陷入提供建议的陷阱中，而要在决策过程中陪同案主，澄清自己的想法及解决问题过程中可能出现的替代办法。

费拉里奥(1996：151)指出，社会工作者在收集和重构已有信息元素时，联结并激发案主提供的内容，调动不同的主体，包括他们的经验、问题、分裂的方面(区分)，按事情发展的前后顺序还原事实(之前和之后)，选择(基于标准和特点)以合理的方式重新构思情况，然后提升个体的概念化能力。

社会工作者还要特别关注面谈的“背景”，设置适当的“屏障”来防止援助过程中的其他干扰，以避免背景带来的干扰问题(Campanini and Luppi，1988：146)。而且也要充分注意物理空间方面，并保证对案主的尊重，保护其隐私。

之前，我们已经了解在使用行政或常规方式时资源使用(补贴、家庭帮助)或面谈模式(家访)的一些后果。如果社会工作者与案主之间的有效关系可以作为手段或工具来实现变革目标，那么在帮助过程中，社会工作者就可以更容易以高度专业化的方式有效地利用资源、机构和社会环境为案主提供服务，并不断地推陈出新。

第二节　调　解

如前所述，交流是人类生活的组成部分，人类在交流中构建了身份体系，在交流中建立成长过程中的重要关系。然而，在关系层面上，交际过程传达的信息有时会出现误解，甚至障碍，这些误解和障碍可能会导致主体之间产生冲突关系，直到最后关系真正破裂。言语交流可以取代某种行为，比如用言语冲撞来取代暴力行为，用直接交流取代让中间人传话的行为等。

在当今的社会背景下，人际交往以复杂性、碎片化为特征，沟通的困难增加，交流中无法和谐沟通的可能性成倍增加，并且在家庭内或者社会其他主体之间也缺少调解模式。

这表明，社会迫切地需要建立“中立的第三方”机制，委托第三方干预到失效的沟通空间中。通过调解，“旨在打开被阻断的沟通渠道，动态地演变冲突局势过程，调解往往会使各方重新开始沟通以达成协议”（Castelli，1996：48）。

调解可以用于不同的领域：

- 家庭调解。中立的专业人员可以进行家庭调解，干预伴随着分居和离婚过程中的冲突，调解者提供“一种思想体验，一个交流场所，尝试尽快消除由于婚姻破裂而造成的痛苦”（Giuliani et al.，1992）。家庭调解可以减少冲突，实现具体协议，如就孩子的抚养权、监护权，非监护父母探视孩子的时间和具体方式等问题达成协议，同时也在孩子的教育、闲暇时间的管理等方面进行沟通。这种类型的干预可能是由不同的专业人员来完成，但有学者认为，社会工作者干预的重点是他们习惯于人际交往，“与其他角色相比，社会工作者更容易接触到”（Bogliolo and Bacherini，1998：208）。
- 刑事调解。刑事调解是在确定事实及被告负有刑事责任的基础上，如果诉讼双方都同意，为了避免原被告双方进入“诉讼”程序，调解员被赋予权力进行调解，这是一条非诉讼的解决方案。通过“承认对另一方造成的损害和痛苦”，调解员“基本上是促进双方沟通的角色，目标是重构被犯罪行为破坏的关系”（Di Ciò，1998：87）。但是在青少年犯罪领域，这种干预措施尚未普遍适用。

- 社会和社区调解。这种调解侧重于解决人们生活环境中发生的冲突问题。这种干预措施可以针对邻里间不同代际群体之间的关系，调解者对其遇到的困难进行干预，也可以用于管理睦邻关系中的冲突，也可以在公民和机构关系中，或者在工作关系方面适用。
- 文化调解。在面临来自不同地区的移民问题及其关系处理中，文化调解变得十分必要。

社会工作在运行的过程中往往面临着上述不同情境中的冲突问题，可以发挥调解作用，这不仅需要个体、群体的资源，而且也需要个体、社会团体与机构之间的资源。其基本前提是调解员能有效听取双方的意见，实现对话与共享。“在一个和谐的氛围中，让双方进行互动，一方（通常是受害者）提出期望，另一方（加害者）通过行为确认和满足其期望。由调解员提供并运用技术工具，自然结合过程中的需求，或者寻找专家协助满足他们的需求。”（Fruggeri，1997：213）即使不采用调解的方式，也可以用熟练的方式。在这个过程中，主持人很可能无法保持谨慎中立的态度，因为此时他是具有倾向性的，希望加害者能够给予受害者一定方式的补偿或者赔偿。一线社会工作者作为调解者在两个主体之间进行斡旋，最后找到一个平衡点。

至于心理咨询，我们可以将属于日常专业活动的调解干预确定为一种功能表达，该功能直接由该过程中涉及的主体认可。在特定情境下，调解可以成为一种体制空间并得到正式界定（家庭调解、少年领域的刑事调解），从而产生以其规则为特征的结构化设置。

如果家庭调解、刑事调解和文化调解没有得到组织系统的正式承认，我们就无法从概念角度探索其他类型的调解。一些社会工作者特别忙碌，无法在零散的环境中注意此问题，也无法找到其他调解的应用（可能没有意识到）。

在任何情况下，系统关系模型都是有用的理论参考框架，有助于社会工作者采用中立的观点，避免偏向任何一方。在动态系统中理解双方沟通信息的能力、掌控交流局面的能力、驾驭面谈技巧的能力是处理调解干预的基本要求，对有效的调解起到支持作用。

特别重要的是，我们需要意识到，调解员进入冲突局势中并不意味着代表任何一方，通常明确要求调解的一方期望调解员能站到自己的立场，但是调解员要做的是将问题返还给冲突各方。调解员的角色不会直接识别问题，也不会提出最佳的解决方案，而是激活参与双方的资源，在观察情况后征求新的观点，改变以往习惯于相互对抗的各方态度，以一种新的方式进行联结。

第三节　社会调查报告及其与少年法院的关系

保护未成年人不受不同领域一系列复杂变量的影响，这包括儿童权利概念的演变、家庭结构的变化、国家在家庭和未成年人中的作用等。尤其是在丧失工作能力和/或病态的家庭中，此时既需要考虑保护未成年人的权利，同时也要考虑家庭的权利（Moro，1993、1994）。

在当前的情况下，“在对家庭问题进行准确的社会诊断之后，司法机关常常会对问题家庭下达对未成年人有利的保护令，法官或社会工作者确认到现在为止，儿童权利没有受到严重侵害”（Barbero Avanzini，1997：17），专业社会工作机构必须将助人功能和控制功能有效地交织在一起。

正如我们在前文所描述的那样，社会工作者需要激活控制环境，对未成年人进行倾向性的保护。

意大利国家儿童和青少年文献与分析中心（1998：188）强调，对儿童遭受虐待等事件，我们需要积极认真地启动早期发现和报告程序，以便与儿童接触的任何人发现儿童有可能被虐待和遭受暴力的迹象时，可以通过报告的渠道获取这些信息。当他们在与有问题的成年人接触时，如果感到其子女可能处于危险和困境中，也要及时报告，致力于保护所干预的未成年人免遭家庭保护不足的影响。这一声明与所谓的控制扩散功能有关，有学者提出相关理论（Gallione，1987），并且在第 184/1983 号法律第 9 条中规定了“未成年人被遗弃”的情景。在此情况下要向法庭报告未成年人的义务，其中所有公共服务部门都需要进入未成年人机构安置的体系中。

因此，我们非常重视在不同服务机构之间建立一个沟通网络，以便开发功能性实务方法，从而更有效和及时地发现儿童的各种不利情况，及时阻止来自外界的侵犯和源于家庭的情感疏离。

在复杂一些的儿童保护案例中，社会工作者往往面临多种问题，需要进行充分准备，以便专业地解决问题。在实际行动过程中，会涉及多方关系，包括未成年人的形象管理、归属组织的文化、与服务体系中其他层次之间的关系、与其他机构建立的关系（未成年人法院、检察院、普通法院），以及各方提出质疑的数据（专家和法律），同时一线社会工作者本人的个人经历及其心理特征也很重要。因此，在个人、组织、专家和法律层面都需要知识和技能。

从未成年人进入司法体系的那一刻起，所有这些因素都会发挥作用，并在社会调查报告中表达出来。因此，非常重要的一点是，这样做不会影响后续的任何干预措施。

在这方面，应该指出的是，社会工作机构和少年法院在功能上存在差异：前者的任务是报告儿童的困境与遭遇情况（因此不会“从家庭中偷走孩子”），后者的任务是对报告上来的信息进行评估，安排进一步的调查并颁布法令。

服务部门与司法部门之间建立直接的沟通与对话是非常重要的，这样双方就可以在他们的具体行为中交换各自获得的“重要”而“关键的信息”，以便从不同的角度帮助当事人和其他人克服不可避免的误解。

社会工作部门和司法部门互相反馈意见，协调行为，达成共识，这样对外就可以对家庭系统的各个成员、各方律师保持一致态度，并使专业化语言更易于理解。

在实践中，少年法院给人的印象是高高在上的，往往并未被视为未成年人保护过程的一部分，而是作为“遥远的和有震慑作用的”部门。正如其不怒自威的形象一样，少年法院的介入会针对家庭，并指导一线社会工作者的活动，但是许多措施并非恰如其分，真实情况和资源很可能被高估或低估。

因此，少年司法机关的行动始于对未成年人“强制治疗”的意图。而对青少年采取的措施不仅是惩罚性的，还需要对犯罪行为进行补救，弥补犯罪给受害者带来的损失。由于这些原因，司法机关必须执行自相矛盾的任务：一方面必须对青少年犯罪进行压制、打击，另一方面又必须激活青少年成长中的修复性系统。

这样，对一线社会工作者提出的问题是，对正面临着某种困境的青少年（包括物质滥用，遭受身体虐待、性虐待，遭受严重忽视和心理虐待，患有做作性精神障碍，遭受医源性虐待和剥削等），社会工作者需要根据已有文献研究中的定义，确定身体、行为和家庭指标（Kempe et al., 1962）。

在青少年司法社会工作者提供专业服务和法院服务时，常常会面对复杂的个案，需要处理无法预见的情况（通常缺乏共同表示）。社会工作者经常对应该将哪些行为视为滥用、疏忽、暴力，什么是最紧急和适当的举措感到困惑、无所适从，甚至迷失方向。这是可以理解的。因为在这种情况下，并没有明确规定社会工作者是在获知了几个问题、若干条线索基础上就可以进行报告，还是最好等待并收集到更多的信息之后再采取行动，这是需要社会工作者自己判断并着手解决的问题。这些决策并非易事，因为就像其他问题（残疾、吸毒成瘾）一样，并没有形成解决上述问题的特定文化（经营者培训、谅解备忘录、业务路径）。

此外，由于所指情境的复杂性，需要“各种角色的工作者共同合作并开展活动”（Meucci and Scarcella, 1984：33）。在这方面，值得注意的是，即使我们无法开展跨学科的合作，或不同专业人士之间无法达成有效协议，报告仍然是强制性义务。卡斯特拉尼（Castellani, 1995：57）指出，报告可疑的儿童受虐待情况对潜在的受害儿童而言，这一行为可以帮助他们，同时这是法定义务，在不作为的情况下可能构成刑事责任。遇到虐待行为而选择沉默或不报告，这实质上就是虐待者的共犯。

当未成年人处于危机状况，很可能遭受严重损害的情况下，此时如果外部主体（如学校、邻居、亲属）向社会工作机构报告，那么社会工作者没有自行酌定权，而必须开展调查，以确定信息是否可靠。《意大利刑法典》第 331 条的规定：社会工作者要“毫不拖延”地报告情况。

社会工作者有必要开展社会调查，协助法官更深入地了解未成年人的情况。少年法院的法官也可能委托其他人进行社会调查，以获得更多信息，同时应该及时通知家人，防止出现不恰当或妨碍司法当局调查的行为。

社会调查报告不仅涉及社会工作者的专业技术能力，而且也涉及他们在接触这些情况后的情感维度。所有的情绪，包括被否认的情绪都会影响工作，所以工作人员必须意识到他们的情绪反应，特别是在参与一项活动时，行为很可能会受到情绪的影响。

社会工作者可能会被质疑并遭到强烈的反对，而且这种情况很可能会经常发生。此时社会工作者很可能会被消极情绪包围，产生焦虑、痛苦，左右不定、犹豫不决。

此时，社会工作者需要综合考虑案件所涉多方的处境：加害者在犯罪之后感受到了对受害者的侵犯；加害者父母(通常是母亲)知道子女犯罪之后忧心忡忡；受害者对是否同意调解举棋不定；司法机关对加害行为尚未了解透彻；加害者现在的处境怎样；犯罪行为可能受到哪些处罚；受害者经历哪些“混乱”……所有这些使社会工作者需要通盘分析，考虑周全，社会工作者的决定要对每一方负责任(Campanini and Luppi，1987)。囿于系统视野的局限性、问题的复杂性，加上社会工作者可能受到上述负面情绪的摆布，所以社会工作者思考和解决问题的方案总是局部的。

同时，有时候一方或者双方会选择沉默，这种沉默阻碍了受害者及其系统进入调解中，此时他们就会更加依赖于社会工作者及其服务，期待在其帮助下能找到多种可能的解决方案，而不再关注社会调查报告及其后果。

在调解的过程中，社会工作者会面临种种困难，通常可能是受害者不愿意调解，或在调解过程中，社会工作者在帮助和控制之间很难做出选择，这可能导致专业工具和现有资源产生混淆。因此，干预过程有时主要依赖于是否存在某些重要资源，以及是否能够获得这些重要资源，而不仅是全面评估机会。这种干预的有效性不取决于一线社会工作者个人的专业能力和方法的正确性，而很大程度上取决于服务机构及其所属区域的资源。

此时，我们社会工作者困难重重，处理这些困难常用的方式是将可能存在的威胁报告给法院，这样可以协助家庭改变其行为，继续保持援助的氛围。在这个过程中，尽管我们没有明确声名和假定将采取控制职能，但是使用这一功能的可能性是存在的。这种方式可能对专业关系造成混淆：一方面案主明显愿意改变，另一方面一线社会工作者准备通过向家庭提供机构资源来对其进行鼓励。

当发生服务协议中规定的限制性事项时，任何一方都认为是对方违反了协议：一线社会工作者指责案主家人，因为家人强迫他制作了一份他想要避免的调查报告，而案主指责社会工作者背叛了他的信任。此时，专业关系就变得难以管理，每个关系在个人层面上都无法达到既定预期。

贝尔托蒂(Bertotti)认为(Ghezzi，1996：42－43)，“逐步建立的双轨制将会导致一种神秘的关系，这种助人关系会让双方感到相互剥削，甚至迷失方向，因此都会感到受到侵害。我们可以巩固双轨制，尽管有时这种趋势非常强大，具有吸引力，但是注定迟早都会被打破”。

社会调查报告不是所有其他行动无效时发挥作用的最后一张王牌，而是我们采取行为伊始时的必要举动。社会调查报告被认为是社会向家庭发出明确的信息。

有些社会调查报告意味着停止社会工作的专业介入，此时社会工作者不再开展专业服务，而是将之委托给司法机构。

当未成年人出现越轨或错误行为时，社会工作者会向少年法院进行报告，申请司法程序的介入，这不是简单地对未成年人进行惩罚，而是一种提高援助水平的举措。有时候，在父母管教角色失职的情况下，如果我们将之表达出来，这可能是家庭系统向社会发出求助的信号。

在某种意义上，社会调查报告会使案主跳出其本身的关系和意义系统，强调案主实施的行为，并能够影响家庭及所在的社区。

保护儿童就是保护家庭，以避免给儿童健康和家庭完整性造成伤害。因此，为了保护儿童的整体利益，需要进一步提供公共服务，同时也要进一步保护家庭权利。

向少年法院进行报告是建立“强制性评估”关系的第一步，评估关系旨在带来变化，形成“社会工作调查报告”。通过这一报告，我们对未成年人进行应有的保护，并可能采取司法行为(Meucci and Scarcella，1984：32)。

第一个问题是发送该调查报告的程序，在程序上，社会工作机构要与司法当局共享信息，这是调查报告的基本要求。

第二个方面涉及两个部门的沟通，需要对社会工作机构和司法部门各自的专业用语进行转换，解决两个部门在专用术语方面的问题。

同时，报告必须对具体目标做出回应，向法官提供必要的信息，以便法官可以做出决定并采取措施。法官的决定不一定能完全符合社会工作者的预期，但是通过这些措施，社会工作者可以让司法当局了解其观点，明确区分事实和对事实的评价，这样法官就可以“对各方提出的观点进行选择、测试与权衡，做出有效的决策”（Meucci and Scarcella，1984：33)。

前几章中观察到的主观性内容很重要。在向法院提交的调查报告中，必须包含社会工作者根据其观察内容所做的评估，同时也要包括对家庭调查评估的内容。在这个过程中，社会工作者需要了解其所观察的内容与对象的角色和地位紧密相关。

报告的结构应突出如下重要观点：

- 将个案情况引入社会工作服务中的关键事件；
- 核心家庭及家庭组成的个人和社会文化特征；
- 夫妻的父母情况及家庭历史，大家庭内部和与大家庭有关的动态；
- 事件中涉及的所有未成年人及其生活状况，不仅包含被确定为受害者的未成年人；
- 进入服务系统的家庭关系历史。

关于结论，社会工作者必须对不利于儿童发展的信息提出假设，分析不同信息之间的相关性，预判父母角色对子女康复的可能性，这些显然与“根据未成年人情况做出诊断并提出干预计划”息息相关（Meucci and Scarcella，1984：33）。

我们在评估家庭恢复的可能性时，要将这一评估理解为分析系统对试图诱导其功能发生变化的反馈，这种反馈更尊重儿童的个性。

如果家庭正在激活自身的潜能，努力改变不利儿童成长的情况，则社会工作者有责任向少年法院报告这一情况。

第四节　经济干预

在社会工作者处理案件需要运用的资源中，机构能够提供经济援助的资金并不多。这些资金有两种不同的形式：

- 整合最低生活保障的干预措施；
- 特殊情况的经济干预。

我们将以系统化的方式对这两种形式进行解读，探讨其可能的含义和分配方式。

一、整合最低生活保障的干预措施

近年来，社会公众一直在讨论最低生活保障中的关键问题。各机构试图通过收入再分配的形式，对严重的社会不公正现象进行重新平衡。出于这一原因，一系列具有经济属性的服务以“折扣”和“降低费率”的形式构成(如支付水费、电费、燃气费、托儿费和幼儿园学费等)，或采取实际补贴的形式。要想获得这些服务，需要有法规规定，同时申请人必须符合一定条件(如收入条件)，符合这些条件则意味着他们有获益的权利。

有一些服务是由行政人员指导的，而在其他服务中，则需要有社会工作者的参与。是否需要专业人士的参与，这显然是一个公开的辩论问题，社会工作者之间存在不同的观点。

有人认为，社会工作者应该根据社会公平原则，研究、利用社会系统提供资源的最有效方式。但是我们认为，针对受到惩罚的个人或家庭，必须将之视为引发变革的机会。

如果社会工作者的参与仅限于承认案主的要求，仅从行政角度对实践进行指导和评估，那么社会工作的专业精神就难以发挥，社会工作的功能与作用就难以施展。但是如果社会工作者担任社会秘书的角色，就可以“与案主达成不同关系，即进行心理辅导或社会援助干预”(Dal Pra Ponticelli，1987：58)。

事实上，经济援助请求通常可以掩盖其他一些困难，而这些困难是在第一次面谈时未被发现的，或者是由于案主无法明确界定其问题，抑或公众都认为这是服务引发的福利主义。

仔细分析这个问题非常重要，因为这可以让我们发掘案主的潜在问题，或者帮助我们定义明确的关系背景。在这种背景下，社会工作者的干预将联结需求与资源。此外，如果社会工作者的评估可以促进案主的成长和自我实现，那么社会工作者在帮助过程中的项目中可以提出并使用这些资源。

事实上，这些设施一方面旨在对社会不公正现象进行再平衡，另一方面则可以引起社会对边缘群体的关注，并维持边缘群体的服务机制。特别是对没有残障问题的年轻人，这些设施回应了一种需求的逻辑，不会刺激人们（案主或一线社会工作者）从全球的角度来面对问题。

正是为了避免这些风险，并保证法律规定的基本公民权及其最低保障收入，干预成为“案主积极融入社会的机会，能增强案主的能力和才华”。

这种干预的前提是两个方面得以激活：

- 着重提升社会系统，可以激活服务网，寻求不同社会行为者之间的协作和协同作用，如第三部门和创业者力量；
- 建立家庭参与的个性化工作和/或社会融合项目，服务协议的定义以及对其中所规定条款的遵守情况。

我们认为，借鉴系统模型可以帮助一线社会工作者保持高水平的专业精神，并培养阅读和实务技能。一线社会工作者不应该“作为资源、反应或解决方案的储存库，而是使其成为过程的催化剂，各主体（案主、家庭或其他重要团体）认可的催化剂”（Fruggeri，1990）。

二、特殊的经济干预

补助金或补贴是对案主或家庭支持的补充干预措施，社会工作者在干预项目中，为了实现目标可以利用此资源。

是否能运用特殊的经济干预措施，这在很大程度上取决于社会工作者对情况的（记录）评估。通常，是否发补助金与案主的请求有关，当然有些情况也不一定只是依赖于案主的请求。

我们知道，在服务中，这种工具在紧急情况下，有时是一种“缓冲”措施，可以解决燃眉之急，但是也会推迟我们对情况更深入的分析。

此外，在时间紧迫、人手不足、资源匮乏而问题又太复杂的情况下，特殊经济干预可以被视作一种“防御”手段。但是正如前面所述，重要的是要了解这些困难在多大程度上与经济匮乏相关，以及它们如何引发或涵盖另一种性质的需求和问题。这将需要全面评估案主及其家人的状况。

我们可以扩大分析领域，从经济方面扩展到分析各家庭成员在面对问题时各自的经历如何，这样就可能找到解决问题的方法，确定家庭中谁是解决问题的关键人物、生活中重要的其他问题都有哪些。除了经济上捉襟见肘之外，还允许建立一种关系，在这种关系中，经济方面重要但不唯一。

通过这种探索，我们有可能了解到家庭是否由于偶然因素而使系统陷入危机，以及如何进入功能均衡状态。因此，我们可以将经济干预定义为保持这种稳态的临时“支柱”。

反之亦然，这点可能表现得很明显。案主使用特殊的经济干预措施寻求帮助，如果这一举措能够加强系统平衡，那么，尽管这个系统存在功能障碍，但是不存在系统改变的实质性威胁。如果求助无效，则社会工作者将可能作为新玩家进入案主系统的游戏中，并可能导致未来局面的长期性。

因此，只有在下列基本条件得到满足和尊重的情况下，才能给予案主经济援助，让援助成为案主参与到更全面变革项目之中的纽带：

- 对情况进行深入的分析；
- 这是家庭的“游戏”；
- 补贴是暂时性的，并且包含在涉及家庭的更大项目中。

我们必须始终牢记未来要实现的目标，并且有必要评估经济补贴与已确定的干预战略之间具有一致性。案主和社会工作者必须清楚他们开启专业关系的背景，熟悉服务协议条款对彼此的承诺及服务的时间规定。在这种情况下，经济补贴并不是一个最终答案，也不是案主可以一劳永逸获得的一种权利，我们要避免特殊的经济干预成为一种纯粹的行政官僚措施。

我们要更有针对性地使用这种干预措施，这样可以更好地利用资源，并优化成本收益比，允许社会工作者正确解释其专业性。

特殊的经济干预还包括贷款。意大利改革法规定，(评估和支持家庭责任)敦促各市作为现金援助赠款的替代方案，可为面临暂时困难的个人或家庭提供“零利率”贷款。贷款方可以包括单亲家庭、有子女的夫妻、有困难的孕妇、严重和暂时经济困难的非自给人士家庭、社会融合严重困难的新移民家庭。

这种干预已经在意大利某些地区，如艾米利亚-罗马涅大区进行过试点，干预目标是避免家庭进入循环援助的怪圈(或有利于其退出)，在公民和地方当局之间“成熟的”协议基础上，让援助成为激发家庭潜力的工具。

这一工具的战略价值在于，与传统服务相比，特殊的经济干预不必局限在福利主义的视角下，而是通过创新的方式欢迎大量受助者，在家庭出现危机的特定时刻给予机会、提供支持。

具体而言，在社会工作者的干预下，对经济补贴的管理过程能让人感到更强的契约价值，能够积极地维持与案主的关系，具有教育价值并尊重案主自决权。

作为一种工具，经济补贴的特点很重要，这使其有别于简单的经济援助干预措施。这种方式承认公民的能力与能量，认为案主自身具有克服危机的可能性，并将可变时间作为与贷款接收者商定还款计划中的重要因素。在需求困难的情况下，社会工作者与案主之间的角色关系变得更加不平衡。

另一项特别的干预措施是提供护理津贴，为不能自给自足的老人及其家庭提供经济支持。这项服务不仅要考虑老年人个人的身心客观情况，还要考虑到其所在的家庭情况。

老年人罹患疾病作为危机事件，会暴露家族历史中的诸多潜在问题。“可能会导致家庭的破裂，对老人的遗弃，子女之间就谁该照顾老人产生分歧，多年后，老年人的疾病可能成为家庭的紧要关头。”（Scabini and Cigoli，2000：181）在某些情况下，对疾病的预期可以成为家庭未来的某种障碍，疾病给家庭成员带来痛苦，但如果老人因病离世，家人会措手不及，害怕老人的死亡会导致家庭破裂。

不难想象，如果老年人具有经济实力，能够对家庭有经济贡献，这可以改变家庭对老年人的态度。可以看出，在照顾程度相同的情况下，有些家庭长期积极地关注和照顾老年人及其家庭，投入很多精力照顾老年人，但是他们无法担负起这一承诺。

因此，重要的是，在进行干预的时候，需要了解家庭成员在面对疾病时的处理态度和方式。事实上，我们认为，老年疾病是“家庭特殊的进化任务，此任务使家庭处于一个十字路口，迫使家庭面对进化中新的可能性，同时也会考虑到退化的风险，并以此来衡量自身情况”（Scabini and Cigoli，2000：169）。在这种情况下，我们有必要反思家庭的发展历史，在其生生不息、代代相传的过程中，以及在家庭与服务系统的互动中，谁承担照顾者的角色，如何更好地推进照顾方式。对患有慢性疾病长者的护理负担没有降低，不论家庭的组织形式是什么，情感交流是否密切，还是家庭成员的关系亲疏，经常改变的是家庭的应对方式。

护理人员有时会感到身心疲惫，在这种情况下，对护理人员的经济补贴不只是对其疲劳的一种补偿，同时也是大的养老项目中的资源。在得到家人充分支持和承认的情况下，这些服务会带给老年人居家护理及治疗的新方法。否则，护理人员会发现自己在一定程度上会有倦怠感，这将不可避免地影响老年人的生活质量，也会影响家庭成员之间的关系。有时家人会真正考虑将老人送到福利养老机构，因此社会工作者需要为老人紧急提供制度化安排。

第五节　家庭援助

在社会工作干预措施中，我们特别关注家庭援助措施。家庭援助措施不仅具有福利价值，同时也具有教育价值。

家庭援助干预措施的总目标是，在老年人、残疾人、精神病患者和未成年人的家庭环境中，通过家庭服务人员的介入，鼓励和/或支持他们持久地服务家庭。因此，一线社会工作者发现自己与服务系统直接接触时，会处于一种微妙的平衡中，从表面来看具有多样性，不断变化，通常以刚性交互模型为特征。

教育目的与福利目的下的干预措施不同，我们将单独分析与之相关的问题，因为这两方面虽然有一些相似之处，但在其他方面有所不同。

一、家庭支持

家庭支持的特点是政府为需要者提供援助，为其提供住房，或者为其提供直接帮助并促进其自给自足。这种干预请求通常由利害关系方或家庭成员、亲近的人提出，一方面对家庭提出的合理需求可以通过干预的方式进行回应，另一方面这种支持也可以显著地改善家庭关系。

如果这种形式的支持只依据案主的申请，通过对其申请进行评估，进而提供家庭支持，那么这很可能会存在风险，即一线社会工作者不知道家庭规则和家庭关系游戏。这可能为干预项目的正确实施带来困难，也可能会为病态博弈推波助澜。因此，这需要社会工作者正确和完整地了解情况，并评估未来干预措施可能在系统中产生的影响。进行干预措施的重要基础是准确理解家庭中的重要关系(Battistini and Cirillo，1990：37)。

以下是在关系情境中提出请求的含义：

- 可以强调家庭成员在寻求某种特定情况解决方案的“失败”；
- 可以作为向缺席或离开的家庭成员发送信息的一种方式。此消息包括：① 寻找新盟友能力的示范价值；② 成为先前挑战信息的答案，提高对称游戏的水平；③ 作为联合的手段，从而抵制三角缠。

如果社会工作者的介入带来家庭支持，则意味着干预与已经仔细评估的项目紧密结合。在这两种情况下，必须始终考虑负责执行的一线社会工作者的反馈，以便进行验证和重新设计干预计划。

二、为教育目的而提供家庭支持

在对困境儿童的干预中，社会工作者要秉持儿童利益最大化的原则，以利于未成年人的成长。此时我们需要特别关注家庭的教育目标，并支持这一目标，不论在任何情况下，尽量避免将儿童带离其家庭而放置在福利机构中。

我们需要避免的第一个错误就是将干预的重点只放在未成年人身上，因为这种方法会导致两大风险(Selvini and Gabrielli，1987)：

- 对父母而言，可以增加并强化他们不负责任的行为；
- 惩处孩子可能会意味着父母的失败。

相反，为了儿童利益，一线社会工作者有必要“加强子女与父母之间的联系，促进他们相互之间建立积极的感情，并加强父母角色的权威与声望”(Selvini and Gabrielli，1987：11)。因此，干预要以家庭为中心，家庭照管的首要目标是父母应该承担起角色赋予他们的责任。此外，还要控制父母的权利(如果父母在)，减少不合格的和具有破坏性的父母行为，使其至少不具有破坏性(Selvini and Gabrielli，1987：11)。

所有这些都要求进行更准确的初步调查，以便社会工作者对关键要素进行充分了解，如他们的期望是什么、目标是什么，以及他们认为干预应持续多久。

第一阶段得出结论之后，自然需要订立一份协议，这样可以对所有未来的工作进行设计，遇到“未经说明”的情况时可以进行补救。然而，最初的内容也并非详尽无遗，在干预过程中，还需要根据各系统的反馈进行及时调整。此时，需要特别考虑：

① 家庭游戏。当家庭中出现新的“参与者”时，需要重新定义他们之间以及与新人之间的角色，并促使每个人对问题进行重新定位。在这个阶段，每个人都会根据他人的评价反思自己的表现，从而进一步决定如何参与到下一步干预中。对他人评价的反馈一般包括确认、拒绝、取消角色、冲突和期望，因为一线社会工作者的角色和家庭资源很少允许元通信。

② 一线社会工作者和家庭之间的关系。我们认为，一线社会工作者与家庭之间的关系存在结构性矛盾。

需要对家庭教育者进行介入，这本身就意味着家庭功能的缺陷和不足。这也表明只要家庭愿意改变，服务机构能够帮助家庭克服这些“进化”中的障碍。

为了避免家庭功能不足，家庭成员会接受援助(例如，父母监护权期限届满)措施。一线社会工作者通过介入措施，让案主自发地改变不良意愿。

考虑到不确定性，情况会更加复杂。如果由于干预措施对未成年子女已经保护到位，那么必须让家庭成员和父母进行学习，改变其行为。事实上，在通常情况下，家庭成员处于相当萎靡颓废的状态，在对家庭的干预中，他们会将所有的“工作”留给一线社会工作者，即使与社会工作者合作，其目的也只是为了证明社会工作者的力量更加强大，这一想法在本质上阻止了家庭的改变。这两种情况的结果都是，唯一愿意相信改变的一线社会工作者深感挫败。

③ 从家庭内部观察与从家庭外部观察问题的视角不同。随着时间的推移，一线社会工作者的位置更加模糊。事实上，社会工作者逐渐担负起家庭中好成员的角色，而不是同事的角色，因其位置既涵盖了家庭系统，又包括了服务系统，是处于两者之间的位置。此外，社会工作者作为一个合作者，参与到家庭中可能会被家庭成员视为异己，这是一个风险，使得评估结果并不完全可靠。

实际上，由于对家庭系统的观察都是片面的，并不完整，故而因其视角的不同往往会发生冲突。按照此逻辑，对家庭干预的失败有自相矛盾的理由：组织应该能够自我变革，由于组织内部其他部分的阻碍而导致不能成功。

通常，干预失败的原因之一是问题相当复杂，一线社会工作者的专业水平无法胜任。在某些情况下，这是事实，因此我们要更加仔细地开展计划，并遵循助人过程中的规律。另外，我们不要忘记，教育功能可能要在长时间里才能发挥作用，因为很可能与家人的逻辑之间存在对抗/冲突。在特定的情况下，社会工作者并不认同案主长期形成的世界观，也无力去改变。这就使得干预的路径越来越窄，最终导致家庭干预的失败，也可能因为被家庭游戏的逻辑纠缠而无法维持干预所需的专业性。

从以上分析可以明显看出，具有教育价值的家庭支持不是紧急情况下的缓冲工具，在需求不明确的情况下，不分青红皂白地使用这一工具是不明智的。我们必须仔细而精确地进行分析，确定其可以使用的情况。一旦确定，在使用的过程中需要在社会工作者和家庭之间建立起持续的沟通系统，这样我们方能获得反馈(要知道沉默也是一种反馈)，并允许我们在干预的过程中及时进行调整和校准。

通过这些警告，我们需要尽可能地查看外部角色，降低参与家庭关系游戏的风险。如果已经发生，我们可以确定最佳策略以摆脱这种风险。

此外，评估时还需要特别注意：

- 如果出现积极结果，我们必须考虑去除哪些因素后能带来积极改变，以何种方式运作方能不被视为惩罚，而是承认可能的自主权；
- 如果干预措施没有改变家庭功能，这将给我们一个机会去评估历史文化带来的变化，以及面对社会工作介入的力量时，家庭系统是如何设法中和这一力量的。

在需要新的干预措施时，社会工作者必须牢记这些要素，以便让案主体验不同的人际情境，从而克服困难。

第九章

建立社会工作评估过程

意大利社会工作部门在社会和卫生服务领域运作多年，无论在回应社会需求，还是在直接面对案主问题上，功不可没。但是与很多其他国家相比，尚未形成影响公民—案主的专业干预与评估文化。

然而，近年来，意大利的社会工作界开始对社会工作的服务质量进行反思。尽管社会工作所在的社会环境具有复杂性，与问题相关的变量众多，难以阐述评估专业行动产生的影响，但是业界普遍认为，应该以案主为导向，根据案主的需要制订战略，不仅要评估社会工作服务的有效性和效率，还要衡量案主的满意度，以及提供的服务与公民需求、期望之间的一致性(Allegri，2000)。

在社会工作行业期待了数十年后，意大利第 328/2000 号法规出台，其规定与上述内容紧密相关，规定了让案主参与到质量评估中(其他国家已经取得的经验)，也规定了在社会工作服务过程中要获得相关被认证的能力，并评估其他主体(如第三部门)的管理质量。

在研究和培训方面，有人建议采取更加有条理的举措，注重结构化和制度化，强调需求和社会工作者的专业职责，这样他们可以在日常活动中建立以质量为导向的指标和流程，发展一条注重服务质量的道路。事实上，我们有必要在方法论层面界定专业最低标准，这样一线社会工作者不仅可以在干预中就有相应的指引，而且还可以捍卫专业空间。这种专业空间与组织决策密切相关，如果组织决策无法回应公民的需求，则专业化很可能受到挑战，既不符合尊重和案主自决的原则，并且从长远来看这也被证明是不经济的。

为他人提供服务是一个复杂的过程，社会工作者为案主提供专业援助的过程中有诸多重要变量，包括一线社会工作者的主观性、概念框架的运用、方法指标、个案与团体项目的专业工具。

显而易见，社会工作评估不应仅限于衡量最终的服务质量，还必须进一步探索过程变量。

如果要提高服务质量，按照逻辑而言，要鼓励向专业人士学习，不仅“从外部”进行社会工作评估，还要注重“从社会工作的内部”提升评估过程中的专业水平，激活评估过程(Quereshi，1998)。

自我评估是评估过程中的重要时刻，因为这允许进行系统评估和学习，旨在提高帮助关系的质量，更好地了解专业行动中的自我角色。自我评估也是一种工具，可以让社会工作者在工作中保持实践与理论之间的衔接，并且可以更轻松地对自己的职业行为进行科学评估。

以下内容可供参考，社会工作者可以按照这些内容定期反思自己处理专业干预的方式。

自我评估表

与组织有关的方面：

我在组织中的职责是什么？

我在组织中追求什么目标？

我需要做哪些活动，以及采取何种模式（如果明确要求）来实现目标？

组织为我的工作提供了哪些评估工具？

一般方面：

我已经掌握社会工作的方法论过程。

我能明确运用理论模型。

我的专业活动激活了哪些维度（个人、团体、社区、组织级别）？

有关管理特定情况的方法

分析申请：

我从谁那里明确得知需求？

我如何看待需求并对其进行解码？

我在第一次接触阶段花了多少时间？

如果我在团队中，那么团队处于哪个阶段？

在需求分析时遇到哪些问题？

在什么条件下可以进行哪些改进？

信息收集：

对情况分析有用的信息标准是什么？

重要的信息来源是什么？

收集信息时，向谁收集，经历几次面谈？

如果我在一个团队中工作，我如何划分任务和要调查的领域？

评估情况：

第一次接触之后，通常而言，多久能做总体评估？

与案主分享。

如果在团队中工作，所处阶段如何？

设计：

我能针对各种情况构建具体和明确的项目。

我能够分别定义短期、中期、长期目标。

注重可成就的指标。

为了实现目标而制订行动方案。

确定实现目标的时间框架。

确定中期和最终的评估时间。

明确哪些人员参与到该项目中。

参与到项目中的角色及如何分配各角色。

我的团队处于哪个阶段，配合得如何？

协议：

能订立明确的协议。

以何种形式订立协议？

实施和临时评估：

我在执行中是否按照既定的时间框架。

我可以反馈，并进行解读与评估、深入分析，必要时对项目做出调整。

对所犯错误进行反思并开始新的学习。

如果我在一个团队中工作，团队处于哪个阶段，配合得如何？

结论：

当达到目标或我的角色终止时，可以结案。

我经常发现自己处于似慢性病一样久治不愈的情境，无法得出结论。

如果我在一个团队中工作，团队处于哪个阶段，配合得如何？

文件：

该服务需要什么类型的文档？

我通常写什么样的专业文档？

职业伦理方面：

与我专业工作相关的伦理是什么？

是否发现自己处于专业的伦理困境中？不知道是应该忠于机构还是忠于案主。

我的专业风格：

我经常会犯哪些错误？

我的优点和缺点是什么？

对以上问题的回答可以帮助我们更好地理解机构定位，明确对理论模型的假设以及在程序中正确运用方法论。因此，社会工作者也可以通过与同事的比较，确定一些质量参数标准，尽管对助人过程而言，这些参数远不应该刻板化、模式化，但是可以作为参考以改善专业干预标准。

第一节　文　档

毫无疑问，我们在开发质量导向的过程中，应该保护社会工作者制作的专业文档。在这种情况下，我们关注社会工作者文档的结构及其使用情况。因为社会工作文档的使用，不仅协助记忆并提供存储信息，而且在社会工作者自我反思或小组共同反思（讨论案例、团队监督）的过程中也非常重要，以确保专业干预的正确性以及开发教学材料和操作理论化的可能性。

在分析文档结构方面，有学者强调以下这些方面的重要性（Zini and Miodini，1997：68－70）：

- 所有情况分析中列举的要素；
- 服务类型所需的具体信息，并且是解决问题（老年人、儿童、成年人、吸毒成瘾者等）所必需的信息；
- 可以简要地强调评估和项目的任何变化；
- 订立的协议；
- 记录会谈的非结构化内容；
- 该服务实施的重要事件和干预日记。

所有这些都可以在纸张和电脑上完成。

第二节 分析干预过程及结论

社会工作者有时面临的问题是，如何处理助人过程结束时的结案困境。造成这种情况的因素有很多：案件本身的复杂性及其可能涉及多重问题，不同机构若干干预措施之间相互重叠，没有明确的目标和共同项目；在服务体系内部主要是行政化的援助逻辑，方法标准不够专业(分析形势时表面肤浅，缺乏界定对象能力评估，项目定义不足)。

正如前几章阐述的那样，对客观前提的尊重会有利于获得某种结论。下面列出了一些要点：

- 助人过程中，参考理论模型时必须运用正确的方法，在不同阶段使用这些工具时，要做到保持前后的一致性。
- 站在案主的角度，考虑其提出求助申请的特定情境，案主只是暂时与一线社会工作者具有互补关系。事实上，助人过程的宗旨是使案主获得他们的增能意识，并发展这一意识，陪伴他们走上自助的道路。
- 建立专业关系，通过助人过程的经验帮助案主学习面对问题和解决问题的能力。
- 项目必须包含可以逐步开展的目标，案主面对这些目标，可以讨论项目进展并对项目进行验证，以便能够离开社会福利系统，增强自尊心。
- 项目必须具有明确的服务协议，该协议也包含对干预过程结束时的预测。

为了开展对其干预的评估，我们认为，很有必要提出一系列内容并进行定向反思。这样，一方面要回顾服务案主时，相关方法过程在不同阶段实施的路径；另一方面要立足于家庭和服务之间的关系史，对不同角色及其行为进行分析。

一、方法过程的调整

正如人们一再强调的那样，方法过程和理论模型构成了专业干预科学性的基础。我们在这里尝试构建综合分析这两个维度的路径（如图 9 - 1 所示），为专业关系下社会工作者的活动提供反思，也为社会工作者提供指导和支持。我们要牢记方法论过程中各个阶段的关键点，为每个人确定一些具体的活动或关注点，保持开放的态度，与服务机构和社区进行系统性互动。

二、根据双重描述方法的分析

面对助人过程中的失败或困难，一线社会工作者可以将之归因于案主家庭及其特征：不合作、病态、顽固不化，甚至是家庭背景。一线社会工作者“此时会转而注视自己，对自己的行为提出质疑，反思自己如何造成僵局，与案主一起构建可以演化的环境，将案主个人作为更广泛的关系系统中的一部分，并在此基础上对如何改变他们的行为进行假设”（Fruggeri，1997：215）。

社会工作者有时可能会在没有充分思考的情况下采取行动，轻举妄动，采取冗余的模式，并可能导致家庭服务关系的长期性。例如，即使社会工作者的介入没有带来任何变化，或者其坚持采取的干预措施没有能够解决僵局，社会工作者对家庭功能的假设也可能保持不变，只是增加了些许干预强度。在这些情况下，一线社会工作者似乎在等待案主有所改变，希望改变案主的行为，从而建立一种依赖关系，这导致社会工作者无能为力。

在社会工作者—案主超系统中，实际上可以建立不同的互动模式：一方面，一线社会工作者可以采取严格的立场，不论所提供的服务是否或多或少具有行政色彩，都要求案主系统全面适应与配合；另一方面，社会工作者也要协助案主进一步发现其需求，因为开始时案主可能会在一定程度上采取隐藏需求的态度，我们要相信案主能够在受助过程中准确识别他们自己的需要。

在隐藏的矛盾请求中，我们往往能看到两种不同的案主类型：第一种是能力超群的案主，他自主决断，行动自如，就仿佛他没有遇到过任何困难，你会非常奇怪他为什么来寻求帮助；第二种是完全力不能及的案主，在为其提供服务之后，我们希望他能够提升自我，独立自主。此时，社会

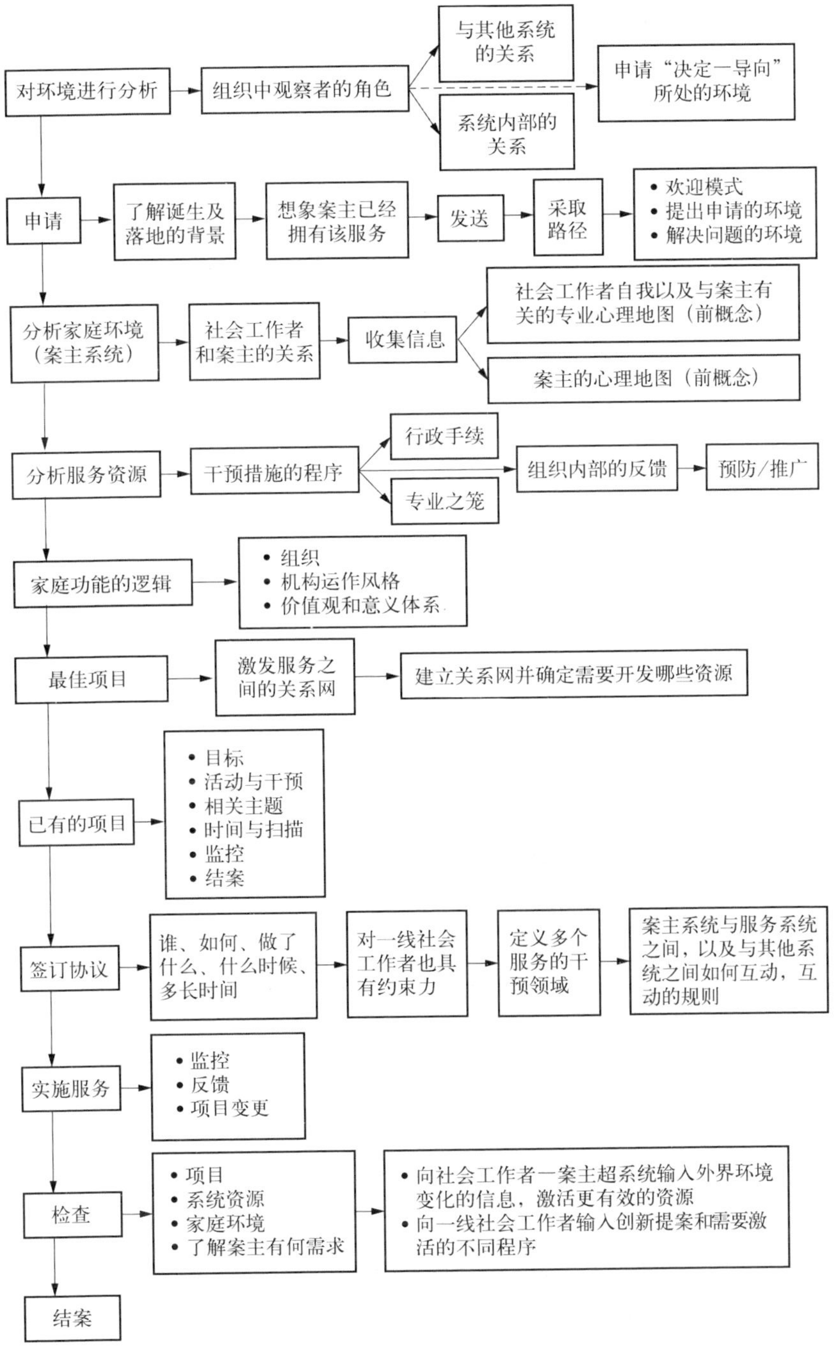
对环境进行分析
组织中观察者的角色
与其他系统的关系
系统内部的关系
申请"决定一导向"所处的环境
申请
了解诞生及落地的背景
想象案主已经拥有该服务
发送
采取路径
• 欢迎模式
• 提出申请的环境
• 解决问题的环境
分析家庭环境（案主系统）
社会工作者和案主的关系
收集信息
社会工作者自我以及与案主有关的专业心理地图（前概念）
案主的心理地图（前概念）
分析服务资源
干预措施的程序
行政手续
专业之笼
组织内部的反馈
预防/推广
家庭功能的逻辑
• 组织
• 机构运作风格
• 价值观和意义体系
最佳项目
激发服务之间的关系网
建立关系网并确定需要开发哪些资源
已有的项目
• 目标
• 活动与干预
• 相关主题
• 时间与扫描
• 监控
• 结案
签订协议
谁、如何、做了什么、什么时候、多长时间
对一线社会工作者也具有约束力
定义多个服务的干预领域
案主系统与服务系统之间，以及与其他系统之间如何互动，互动的规则
实施服务
• 监控
• 反馈
• 项目变更
检查
• 项目
• 系统资源
• 家庭环境
• 了解案主有何需求
• 向社会工作者一案主超系统输入外界环境变化的信息，激活更有效的资源
• 向一线社会工作者输入创新提案和需要激活的不同程序
结案

图 9-1　方法过程的调整

工作者面对失败，要泰然处之，并有资格进行申明：“我已尽心尽力，所有可能的方法都已经尝试了，但是对某些人，很可能每一次尝试都是无功而返！”

在连续保持整体动态平衡的系统中，不可能绝对准确地预先设定位置。举例来说，基于上述考虑，可以在社会工作者—案主超系统的演变中，或者在家庭服务中确认可能相互作用的类型，这样可能更有利。

1. 家庭系统（F）与服务系统（S）相互沟通。定义、分享相互关系和一套规则，要注意互惠的反馈(见图 9－2)。

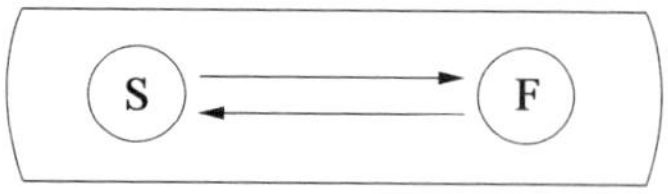

图 9－2　家庭系统（F）与服务系统（S）相互沟通

2. 家庭系统与服务系统保持独立。这种关系可能是疏远的、行政化的，可能充满冲突。这些内容可以用来掩饰关系冲突，很可能导致系统分裂(见图 9－3)。

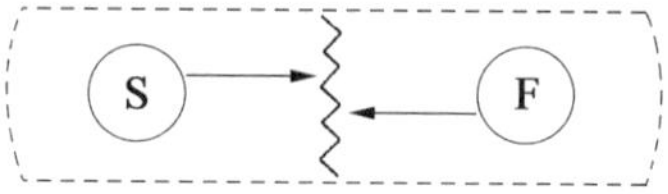

图 9－3　家庭系统与服务系统保持独立

3. 家庭系统被服务系统包围。在这种模式下，家庭完全依赖于服务，所以他们很难做到自治。

这种关系是基于自相矛盾的禁令：让自己独立，又要让其他人继续服从我。与外部建立融洽关系的每一次尝试往往都会遭受失败，家人继续回到照顾他的服务中，因为他无法自力更生(见图 9－4)。

图 9－4　家庭系统被服务系统包围

4. 服务系统被家庭系统包围。由于服务所处的位置是静态的，所以服务的纠缠很少会产生重大变化。定义关系的本质并决定规则的是家庭(见图 9－5)。

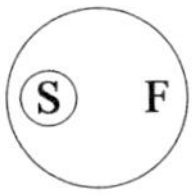

图 9-5　服务系统被家庭系统包围

我们现在需要考虑社会工作者和案主这两个主体如何定位其关系。双方都必须采取行动，激活自己，实现功能互动。当然也会出现一些情况，认为最终结果只需要由一方负责任。如果我们能准确地认清这一情况，就可以帮助调整助人流程，从而确定情况的转折点。

构建家庭和服务之间复杂关系的历史，计划各种举措的可能性，并允许对情况有不同看法，这种做法是有效的，尤其在长期情况下特别有用，这样可以避免过度的情绪卷入或琐碎化。

下面，我们提出一个方案(如表 9-1 所示)，帮助我们进行重建，以确定一些变量。

表 9-1　助人过程的分析

日　期	关键事件		家庭的应对	服务的应对	其他参与者的应对
	家庭中	服务中			

首先，我们应突出时间变量，重点关注助人过程中最重要的时刻。从专业关系建立伊始，就可以确定应当对哪些事件进行分析。例如，可以分析在家庭和服务关系中是否存在规律性和连续性，家庭和服务是否有长时间的重要沟通，或者它们之间的关系是否紧密；报告的时间框架是否与家庭和服务措施之间的关系更相关；在关键事件中是否有其他参与者的介入和制约。

我们强调关键时间，而关键时间与两个关系系统息息相关，即家庭和服务系统。关于家庭系统，我们已经在第四章讨论过，包括生命周期的不同阶段和事件，已被定义为“规范性”的事件，还包括那些意外事件(疾病、死亡、意外事故、残疾)，或与社会系统相关的事件(移民、移居、失业)。在这种情况下，还包括一些家庭成员的特别“躁动”，他们通过心理或社会调查，报告困难与不安症状。药物滥用、厌食症、抑郁症或酗酒，学校中的行为异常或越轨，一旦发现上述问题，社会工作者必须重视。如果涉及犯罪，则更要高度关注，这是家庭与服务关系中的重要信息。

在多问题的家庭中，一系列压力性事件的顺序往往是逐步发生的，而不是同时展开。问题之间相互交错，可能会产生严重不稳定的情况。

要尽量保证助人过程的连续性，保障服务质量。在服务目标实现的过程中，需要考虑到很可能由于组织变革、新法规实施、政府预算削减等情况而给助人过程带来的困难和障碍。

我们可以将不同家庭成员在服务中的表现作为另一个关键变量。在此情况下，我们可以确定关系游戏的启动或者重新启动行为(比如，谁开始请求帮助，其他家庭成员提出了哪些请求)。在服务过程中，社会工作者可以提出建议，对干预进行反馈。

同样的逻辑，人们可以描述和定位社会工作者或同一机构中其他社会工作者的行动。

我们需要考虑的最后一个方面，是对其他参与者重要行为的认识。在第五章中我们谈到，生态图是了解家庭、服务与其他重要系统之间相互作用的工具，并且确认这些行为对理解已构建关系的总体动态非常重要。这方面涉及主要机构(如少年法院或普通法院)和其他服务机构(如学校、社会和卫生领域的公共或私人社会组织)，特别是案主生活环境中的重要主体(如自愿协会、社区)。这些人中，有的参与者可以提供一些信息，有的有义务定期进行汇报沟通，有的定有协议，还有的参与者是案主关系网络中的重要人物。

在这些步骤中，我们可以对案主的“病史”进行分解，这样能够帮助我们更好地理解哪些是重要的力量，可以发挥作用，什么时候是重要时机，已经构成了哪些联盟，哪些因素可能导致家庭服务关系的长期性而不是向变革方向发展。

在这项工作中我们多次强调，一线社会工作者不必分析干预措施的影响。因此，如果客观环境是长期形成的，那么这个家庭的问题就不是“慢性”的，而是与服务体系之间的关系。在系统逻辑中提供的唯一可能的改变是重新理解这条路径，并反思社会工作者可能对其所属的服务系统做出什么样的改变。

我们还可以分析可能的传导误差，并确定病态博弈是如何从家庭动力学中输出的，包括与服务系统的关系。这些关系有可能摆脱长期性，确定新的策略，或者至少在助人过程中向家庭解读助人过程的历史，抑或解释在提供支持的过程中社会工作者无力带来变革的可能。

第三节 督 导

目前，无论是出于理论阐释的要求（Vecchiato T. 1995；Allegri，1997；Allegri，2000），还是应社会工作者实务操作的需求，督导越来越受到重视。

督导作为“专家”一样的专业人士，可以给个案或团体进行辅导，使一线社会工作者可以获得“复合的能力，能够在单独介入或者与其他专业人员共同介入的情况下对自我角色进行定义，能够了解社会工作机构和其他机构之间的关系，能够在现有的社会政策框架内确定组织间交流的优先逻辑”（Allegri，2000：73）。

在这里提出的以理论模型为导向的逻辑中，督导被认为是思想空间，在这种空间中，有可能实现与行动的平衡距离，并结合“双眼视点”来分析现实：① 对案主的观察；② 对一线社会工作者和案主之间关系的观察；③ 对其他人归属体系的观察（Fruggeri，1997：204）。

这种方式采用双重描述系统（Bateson，1979：119－120），一线社会工作者运用理论模型、方法过程和技术工具，在实践执行中对案主的反馈进行分析，在交互过程中理解干预功能及其结构。

因此社会工作者有三个方面需要反思（Fruggeri，1997：204）：

- 案主在与服务接触时涉及的关系动态；
- 在案主自己的场所，他们的行为以及如何彼此建立关系；
- 社会工作者的干预在案主关系中被假定具有哪些含义。

督导会议的准备，这需要“在技术和情感层面重新建立制定专业行动的背景，这意味着机构要有反思的文化，社会工作者要有学会思考的心理准备”（Allegri，2000：69）。因此，有必要对你想要展示的案例进行深入思考，找出需要讨论的问题，并以功能性的方式构建理解情况所需的信息。以下是可以作为督导会议的一些要点：

- 需要督导的问题是什么；
- 督导该具体情况的原因；
- 家庭系统的历史数据（包括基因图和生态图）；

- 家庭问题的历史，包括重要的关系事实，以及家庭系统如何重新阐述过去发生的事件，特别关注家庭成员个人的技能和能力；
- 家庭和服务之间关系的历史，特别关注其发展的背景、使用的方案、时间和程序。

参考文献[1]

BIBLIOGRAFIA

AA.VV. (1973), *Analisi critica degli obiettivi e degli strumenti operativi del servizio sociale*, Documentazione di servizio sociale, n.5, Padova.

ACKERMAN N. (1970), *Psicoterapia della famiglia*, in S. Arieti (a cura di), *Manuale di psichiatria*, Boringhieri, Torino, vol. 3, pp.1711 - 1722.

ALLEGRI E. (1997), *Supervisione e lavoro sociale*, NIS, Roma.

ALLEGRI E. (2000), *Valutazione di qualità e supervisione*, LINT, Trieste.

AMMASSARI P. (1985), *Sulla Metodologia della ricerca sociale*, in "Studi di Sociologia", 2 - 3, p.178.

ANDOLFI M. (1977), *La terapia con la famiglia*, Astrolabio, Roma.

ANDOLFI M., PICCONE D. (a cura di) (1985), *La formazione relazionale*, ITF Edizioni s.r.l., Roma.

ANFOSSI A. (1978), *L'organizzazione come sistema sociale aperto*, in P. Bontadini, *Manuale di organizzazione*, ISEDI, Milano.

ARIETI S. (a cura di) (1970), *Manuale di psichiatria*, Boringhieri, Torino.

ASHBY W.R. (ed.or.1960), *Progetto per un cervello*, Bompiani, Milano 1970.

BAGAROZZI D.A., ANDERSON S.A. (1989), *Personal*, *Marital and Family Myths*, Norton New York.

BARBERO AVANZINI B. (1997), *Giustizia minorile e servizi sociali*, Angeli, Milano.

BATESON G. (ed.or.1991), *Una sacra unità*, Adelphi, Milano 1997.

BATESON G. (ed. or.1972), *Verso un'ecologia della mente*, Adelphi, Milano 1976.

BATESON G. (ed. or.1979), *Mente e natura*, Adelphi, Milano 1984.

BERTALANFFY L. VON (ed. or. 1956), *Teoria generale dei sistemi*, ISEDI, Milano 1971.

BIANCIARDI M. (1997), *Linguaggio Ermeneutica Narrativa*, in Connessioni, n1, pp.7 - 9.

BIANCIARDI M., Complessità del concetto di contesto, in Connessioni, n.3, pp.29 - 46.

BION W.R. (ed.or.1961), *Esperienze nei gruppi*, Armando, Roma 1971.

BLY R. (1996), *The sibling society*, Addison Wesley Reading, Mass.

BOGLIOLO C. (1988), *La temporalità come metafora del processo diagnostico*, in Aurilio

① 为方便读者查阅，本书按意大利文原版复制参考文献。

R., Baldescini L., Gritti P., "L'antro della Sibilla" , I.T.F., Napoli.

BOGLIOLO C., BACHERINI A.M. (1998), *Bambini divorziati*, Edizioni del Cerro, Tirrenia (Pisa).

BOGLIOLO C. (a cura di) (1998), *Bambini e violenza*, Edizioni del Cerro, Tirrenia (Pisa).

BOHEM W. (1972), *Il servizio sociale individuale nel curriculum professionale dell'assistente sociale: nuovi orientamenti in rapporto al cambiamento sociale*, in "Documentazione di Servizio Sociale" , 6, a cura della Fondazione Zancan, Padova.

BORTOLOTTI G., GALLI D., GARAVINI C. (1994), *Storie di servizi e di minori*, Angeli, Milano.

BOSCOLO L., BERTRANDO P. (1993), *I tempi del tempo*, Bollati Boringhieri, Torino.

BUSCAGLIONI M. (1976), *Il fattore umano nelle organizzazioni di lavoro*, in "SL" , I.

BUTRYM Z. T. (1976), *The nature of social work*, MacMillan Press, London.

CAMPANINI A. M., D'ADDA L. (1985), *Il servizio sociale nei servizi territoriali*, in S. Lupoi, A. De Francisci, C. Angiolari (a cura di), *Le prospettive relazionali nelle istituzioni e nei servizi territoriali*, Masson, Milano, pp.275 – 278.

CAMPANINI A., LUPPI F. (1988), *Servizio sociale e modello sistemico*, NIS, Roma.

CAMPANINI A. (a cura di) (1987), *Il maltrattamento all'infanzia*, NIS, Roma.

CAMPANINI A. (1999), *Servizio sociale e sociologia. Storia di un dialogo*, LINT, Trieste.

CANCRINI M. G., ZAVATTINI G. C. (1977), *Individuo e contesto nella prospettiva relazionale*, Bulzoni, Roma.

CASTELLANI C. (1995), *Il ruolo della scuola, degli operatori sanitari e dei servizi socioassistenziali di fronte ai casi di abuso sessuali sui minori*, in "Minori e Giustizia" , n.4, Franco Angeli, Milano, pp.52 – 63.

CASTELLI S. (1996), *La mediazione*, Cortina, Milano.

CASTELLUCCI A., FRUGGERI L., MARZARI M. (1984), *Il tempo del cambiamento*, Angeli, Milano.

CAVAGNINO G. (1992), *Modello sistemico e analisi dei servizi*, NIS, Roma.

CECCHIN G. (1997), *Linguaggio azione pregiudizio*, in "Connessioni" , pp.26 – 33.

CECCHIN G., LANE G., RAY W.A. (1993), *Irriverenza*, F.Angeli, Milano.

CECCHIN G., LANE G., RAY W.A. (1997), *Verità e pregiudizi*, Cortina, Milano.

CENTRO NAZIONALE DI DOCUMENTAZIONE ED ANALISI SULL'INFANZIA

E L'ADOLESCENZA (1988), *Infanzia e adolescenza. Diritti e opportunità*, Firenze.

CIGOLI V. (a cura di) (1983), *Terapia familiare-L'orientamento psicoanalitico*, Angeli, Milano.

CIGOLI V., GALIMBERTI C. (1983), *Psicoanalisi e ricerca sui sistemi in terapia familiare*, Angeli, Milano.

CIGOLI V. (1984), *Miti nell'organizzazione socio-sanitaria*, in "Terapia Familiare Notizie", 3, pp.1-2.

CIGOLI V. (1985), *Se e come fare una parte di strada assieme. Modi di incontro tra famiglia e servizio sociosanitario*, in S. Lupoi, A. De Francisci, C. Angiolari (a cura di), *Le prospettive relazionali nelle istituzioni e nei servizi territoriali*, Masson, Milano, pp.359-364.

CIRILLO S. (1986), *Famiglie in crisi e affido familiare*, La Nuova Italia Scientifica, Roma.

CIRILLO S. (1990), *Il cambiamento nei contesti non terapeutici*, Cortina, Milano.

CIRILLO S., CIPOLLONI M.V., (1994), *L'assistente sociale ruba i bambini?*, Cortina, Milano.

COOPER D. (ed.or.1971), *La morte della famiglia*, Einaudi, Torino 1972.

COORDINAMENTO NAZIONALE DOCENTI DI SERVIZIO SOCIALE (1987), *Il servizio sociale come processo d'aiuto*, Angeli, Milano.

COVINI A., FIOCHI E., PASQUINI B., SELVINI M. (1984), *Alla conquista del territorio*, La Nuova Italia Scientifica, Roma.

CRESPI F., GUIDICINI P., LA ROSA M. (1987), *Conoscenza sociale e servizio sociale*, Milano, Angeli.

CRICONIA M., SCAMPERLE S. (1986), *Intervista a Maurizio Andolfi, Luigi Cancrini, Gianfranco Cecchin, Piero De Giacomo, Gaspare Vella*, in "Psicobiettivo", 3-4, pp.2-10.

CRIVILLE' A. (1987), *Genitori violenti, bambini maltrattati*, Liguori, Napoli 1995.

CROZIER M., FRIEDBERG E. (ed.or.1977), *Attore sociale e sistema*, Etas Libri, Milano (1978).

D'ADDA L., GALLIONE C. (1983), *Contesti e richieste di prestazioni*, in "Prospettive sociali e sanitarie", 21, pp.9-11.

D'ADDA L. (1999a), *L'indagine sociale richiesta dall'Autorità Giudiziaria: specifico intervento, specifico contesto per l'Assistente sociale*, notiziario SUNAS/IRIS, 8/9.

D'ADDA L. (1999b), *Gli strumenti professionali dell'assistente sociale nel contesto dell'indagine richiesta dall'autorità giudiziaria*, in "Prospettive sociali e sanitarie", n.4, pp.41-60.

DAL PRA PONTICELLI M. (a cura di) (1985a), *I modelli teorici del servizio sociale*, Astrolabio, Roma.

DAL PRA PONTICELLI M. (a cura di) (1985b), *Metodologia del servizio sociale*, Angeli, Milano.
DAL PRA PONTICELLI M. (1987), *Lineamenti di servizio sociale*, Astrolabio, Roma.
DAL PRA PONTICELLI M. (1996), *L'<unitarietà> del metodo del servizio sociale: riflessioni e proposte*, in "Rassegna di servizio sociale".
DE GIACINTO S. (1984), *Teoria e prassi in pedagogia*, La Scuola, Brescia.
DE ROBERTIS C. (1981), *Metodologia dell'intervento nel lavoro sociale*, Zanichelli, Bologna (1986).
DEWEY J. (ed.or.1938), *Logica*, *Teoria dell'indagine*, Einaudi, Torino, 1949.
DI CIO' F. (1998), *Mediazione penale minorile: alla ricerca di un modello di valutazione*, in Connessioni.
DONATI P. (1998), *Manuale di sociologia della famiglia*, Laterza, Bari.
DONATI P. (1991), *Introduzione alla sociologia relazionale*, F.Angeli, Milano.
DONATI P., DI NICOLA P. (1989), *Lineamenti di sociologia della famiglia*, NIS, Roma.
DONATI P. (1981), *Servizi sociali e stato assistenziale negli anni '80: il ruolo dell'operatore assistente sociale*, in "La Rivista di Servizio Sociale", 1, pp.3-24.
Du RANQUET M. (1981), *L'approche en service social*, Centurion, Quebec.
BIANCHI E.- GIRALDO S. (a cura di) (1983), *Gli insegnamenti di servizio sociale: obiettivi, contenuti e modalità didattiche*, in UNIVERSITA' DEGLI STUDI DI SIENA, "Professionalità e formazione", Atti del convegno.
EMANUELE M. L. (1982), *Rapporto e colloquio nel servizio sociale*, Athena, Palermo.
FERRARIO F. (1992), *Il lavoro di rete nel servizio sociale*, Carocci, Roma.
FERRARIO F. (1996), *Le dimensioni dell'intervento sociale*, Carocci, Roma.
FERRARIO F. (2001), *Il lavoro di gruppo nel servizio sociale*, Carocci, Roma.
FISCH R., WEAKLAND J.H., SEGALL. (ed.or.1982), *Change: le tattiche di cambiamento*, Astrolabio, Roma 1983.
FOTI C., BOSETTO C., MALTESE A. (a cura di) (2000), *Il maltrattamento invisibile*, Franco Angeli, Milano.
FRUGGERI L. (1984), *Modelli di interazione e processi di cambiamento*, CLUEB, Bologna.
FRUGGERI L. (1997), *Famiglie. Dinamiche interpersonali e processi psico-sociali*, NIS, Roma.
FRUGGERI L., MATTEINI M. (1986), *Molte istituzioni: una sola terapia*, in "Etruria medica", 1, pp.201-210.
FRUGGERI L. (1990), *Servizi sociali e famiglie. Dalla risposta al bisogno, alla costruzione di competenze*, in Famiglie e politiche sociali, Modena, marzo

1990.

FRUGGERI L. (1998), *Da contesto come oggetto alla contestualizzazione come principio di metodo*, in "Connessioni", n.3, pp.75 - 86.

FRUGGERI L. (2001), *I concetti di mononuclearità e plurinuclearità nella definizione di famiglia*, in "Connessioni", 8, p.11.

GALLI P. (1982), *La prospettiva olistica in psicologia*, Unicopli, Milano.

GALLIONE C. (1987), *Il controllo sociale nei servizi pubblici alla persona. Un'analisi sistemica di un contesto particolare: la funzione di controllo in ambito della tutela del minore*, Atti del convegno "Giornate di studio sulle tesi degli allievi", Centro Milanese di terapia familiare, Milano, pp.58 - 76.

GIACOMETTI K. (1979), *Terapia familiare: un modello di sviluppo e una proposta di classificazione*, in "Terapia Familiare", 6, pp.7 - 32.

GHEZZI D., VADILONGA F. (1996), *La tutela del minore*, Cortina, Milano.

GIORIO G., *Organizzazione di comunità*, Marsilio, Padova 1969.

GIULIANI C., IAFRATE R., MARZOTTO C., MOMBELLI M., (1992), *Crisi di coppia e separazione coniugale*, Vita e Pensiero, Milano.

GRIGOLETTI P. (a cura di) (1998), *Famiglie con molti problemi: vincoli e risorse*, Angeli, Milano.

GUIDANO V. F. (1987), *L'orientamento cognitivista*, in "Psicobiettivo", 2/3, pp.34 - 38.

GURMAN A. S., KNISKERN D. P. (ed. or. 1981), *Manuale di terapia della famiglia*, Bollati Borighieri, Torino 1995.

HALEY J. (ed.or. 1963), *Le strategie della psicoterapia*, Sansoni, Firenze 1977.

HALEY J. (a cura di) (ed. or. 1971), *Fondamenti di terapia della famiglia*, Feltrinelli, Milano 1980.

HALEY J. (ed. or. 1976), *La terapia del problem solving*, La Nuova Italia Scientifica, Roma 1985.

HALL C.S., LINDZEY G. (ed.or.1957), *Teorie della personalità*, Boringhieri, Torino 1966.

HOFFMAN L. (ed. or.1981), *Principi di terapia familiare*, Astrolabio, Roma, 1984.

JACKSON D. D. (a cura di) (1960), *Eziologia della schizofrenia*, Feltrinelli, Milano 1964.

KADUSHIN A. (1972), *Il colloquio nel servizio sociale*, Astrolabio, Roma, 1980.

KANEKLIN C. (1981), *Il primo colloquio*, in Quadrio A., Ugazio V. (a cura di), Il colloquio in psicologia clinica e sociale, Angeli, Milano.

KEMPE R., KEMPE CH. (ed.or.1978), *Le violenze sul bambino, Armando, Roma 1980*.

INGROSSO M. (a cura di) (1990), *Itinerari sistemici nelle scienze sociali*, Angeli, Milano.

LAI G. (1988), *Disidentità*, Feltrinelli, Milano.

LASCH C. (1981), *La cultura del narcisismo*, Bompiani, Milano.

LERMA M. (1987), *Caratteri e funzioni dell'ipotesi nel processo di aiuto del servizio sociale*, in Atti del Convegno *L'approccio sistemico relazionale applicato al servizio sociale: un nuovo modello?* , 16 gennaio, Novastampa, Parma, pp.27 - 37.

LERMA M. (1992), *Metodo e tecniche del processo di aiuto*, Astrolabio, Roma.

LEWIN K. (ed.or.1951), *Teoria e sperimentazione in psicologia sociale*, Il Mulino, Bologna 1972.

LIOTTI G. (1985), *La psicoterapia nella prospettiva cognitivo-comportamentale*, in "Psicobiettivo" , 6, pp.4 - 16.

LIOTTI G. (1987), *L'orientamento cognitivista*, in "Psicobiettivo" , 2/3, pp.39 - 42.

LORIEDO C., TRASARTI SPONTI W. (1985), *Devono proprio fare una terapia familiare: il problema dell'inviante e le sue soluzioni*, in S. Lupoi, A. De Francisci, C. Angiolari (a cura di), *Le prospettive relazionali nelle istituzioni e nei servi zi territoriali*, Masson, Milano, pp.33 - 41.

LUPOI S., DE FRANCISCI A., ANGIOLARI C. (a cura di) (1985), *Le prospettive relazionali nelle istituzioni e nei servizi territoriali*, Masson, Milano.

LUPPI F., (1987), *L'analisi sistemica dell'organizzazione del servizio sociale nell'Usl n.30 di Chieri: un'esperienza di formazione I parte*, in "L'approccio sistemico relazione applicato al servizio sociale: un nuovo modello? " , Università degli studi di Parma, Scuola di Servizio Sociale, Atti del Convegno, Novastampa, Parma.

MALAGOLI TOGLIATTI M. (1985), *Famiglie "multiproblematiche" , servizi multiprobematici*, in S. Lupoi, A. De Francisci, C. Angiolari (a cura di), *Le prospettive relazionali nelle istituzioni e nei servizi territoriali*, Masson, Milano, pp.171 - 180.

MALAGOLI TOGLIATTI M., ROCCHIETTA TOFANI L. (1987), *Famiglie multiproblematiche*, La Nuova Italia Scientifica, Roma.

MALUCCIO A. (1973), *Tensioni, conflitti e rapporto tra servizio sociale basato sul trattamento dei casi e quello basato su programmi di azione sociale*, in "Documentazione di Servizio Sociale" , 7, pp.42 - 59.

MANGHI S. (a cura di) (1998), *Attraverso Bateson*, Raffaello Cortina Editore, Milano.

MARTINI E.R., SEQUI R. (1995), *La comunità locale*, NIS, Roma.

MATURANA H., VARELA F. (ed.or.1980), *Autopoiesi e cognizioni*, Marsilio, Venezia, 1985.

MATURANA H. (ed.or.1990), *Autocoscienza e realtà*, Cortina, Milano 1993.

MAZZA R., *Il processo di aiuto nel servizio sociale*, Maria Pacini Fazzi, Lucca 1991.

MCGOLDRICK M., GERSON F.G., *Genograms* in "Family Assessment", Norton, New York, London, 1987.

MEUCCI G.P., SCARCELLA F. (1984), *La tutela dei diritti del minore*, NIS, Roma.

MINISTERO DELL'INTERNO-DIREZIONE DEI SERVIZI CIVILI (1984), *Gli operatori sociali: urgenza di una normativa*, Roma.

MINUCHIN S. (ed.or.1974), *Famiglie e terapia della famiglia*, Astrolabio, Roma 1976.

MONTÀGANO S., PAZZAGLI A. (1989), *Il genogramma. Teatro di alchimie familiari*, F. Angeli, Milano.

MORIN E. (1977), *La methode*, Editions du Seuil, Paris.

MORO C.A. (1993), *Intervento giudiziario e promozione del minore e della famiglia*, in Bambino Incompiuto, 4-5, pp.51-63.

MORO C.A. (1994), *Diritti del minore e diritti della famiglia*, in Bambino Incompiuto, 5, pp.3-17.

NATOLI S. (1997), *Introduzione all'ermeneutica*, in "Connessioni", n.1, pp.36-45.

ONNIS L., ANGIOLARI C., CANCRINI M.G., LUPOI S. (a cura di) (1981), *Approccio relazionale e servizi socio-sanitari*, Bulzoni Editore, Roma.

PENN P. (1985), *Feed-forward: future questions, future maps*, in "Family Process", vol.24, pp.299-310.

PIPHER M. (1995), Revivng Ophelia, Putnam Sons, New York.

PIVA P. (1993), *L'intervento organizzativo nei servizi sociosanitari*, Roma, NIS.

PIVA P. (2001), *I servizi alla persona*, Carocci, Roma.

POLLO M. (1997), *I giovani e la notte*, Milella, Lecce.

POPPER K.R. (1945), *La società aperta e i suoi nemici*, Armando, Roma 1974.

QUERESHI H. (1998), *Internal and external evaluation in social work*, in Scandinavian Journal of social welfare, n.7.

REID W.J. (ed.or.1982), *Terapia della famiglia e servizio sociale*, Astrolabio, Roma 1986.

RUESCH J., BATESON G. (ed.or.1951), *La matrice sociale della psichiatria*, Il Mulino, Bologna 1976.

SANTI G. (1984), *Adozione e sistema familiare: strumenti e tecniche di valutazione*, Giuffrè, Milano.

SARACENO C. (1996), *Sociologia della famiglia*, Il Mulino, Bologna.

SARACENO C. (1998), *Mutamenti della famiglia e politiche sociali in Italia*, Il Mulino, Bologna.

SCABINI E. (1985), *L'organizzazione famiglia tra crisi e sviluppo*, Angeli, Milano.

SCABINI E., CIGOLI V. (2000), *Il famigliare. Legami, simboli e transizioni*,

Cortina, Milano.
SCABINI E. (1985), *L'organizzazione famiglia tra crisi e sviluppo*, Angeli, Milano.
SELVINI M., GABRIELLI G. (1987), *Interventi educativi a domicilio: quali strategie per aiutare il minore?*, in "Prospettive sociali e sanitarie", 2, pp.10 - 12.
SELVINI M. (1985), *Cronaca di una ricerca*, La Nuova Italia Scientifica, Roma.
SELVINI PALAZZOLI M., BOSCOLO L., CECCHIN G., PRATA G. (1975), *Paradosso e controparadosso*, Feltrinelli, Milano.
SELVINI PALAZZOLI M. CIRILLO S., SELVINI M., SORRENTINO A. M. (1998), *Ragazze anoressiche e bulimiche*, Cortina, Milano.
SELVINI PALAZZOLI M., CIRILLO S., SELVINI M., SORRENTINO A. M. (1985), *L'individuo nel gioco*, in "Terapia familiare", 19, pp.65 - 73.
SELVINI PALAZZOLI M. ET AL. (1981), *Sul fronte dell' organizzazione*, Feltrinelli, Milano.

SELVINI PALAZZOLI M. ET AL. (1976), *Il mago smagato*, Feltrinelli, Milano.
SELVINI PALAZZOLI M., BOSCOLO L., CECCHIN G., PRATA G. (1980), *Ipotizzazione, circolarità, neutralità: tre direttive per la conduzione di seduta*, in "Terapia familiare", 7, pp.7 - 19.
SELVINI PALAZZOLI M., SELVINI PALAZZOLI M., CIRILLO S., SELVINI M., SORRENTINO A.M. (1986), *Verso un modello generale dei giochi psicotici nella famiglia*, in "Terapia familiare", 21, pp.5 - 21.
SELVINI PALAZZOLI M., CIRILLO S., SELVINI M., SORRENTINO A. M. (1988), *I giochi psicotici nella famiglia*, Raffaello Cortina Editore, Milano.
SORRENTINO A. M. (1987), *Handicap e riabilitazione*, La Nuova Italia Scientifica, Roma.
TOMM K. (1990), *Le domande riflessive come mezzi per condurre all'autoguarigione*, in "Il Bollettino", 23, pp.37 - 47.
TOMM K. (1990), *Lo "strategizing" come quarta linea guida per il terapista*, in "Il Bollettino", 22, pp.37 - 47.
TOMM K. (1991), *Intendi porre domande, lineari, circolari, strategiche o riflessive?*, in "Il Bollettino", 24, pp.1 - 14.
TRENTINI G. (1995), *Manuale del colloquio e dell'intervista*, Utet, Torino.
TRENTINI G. (2000), *Oltre l'intervista*, Utet, Torino.
UGAZIO V. (1985), *Oltre la scatola nera*, in "Terapia familiare", n 19, pp.75 - 83, all'interno del quale si sviluppano comunicazioni paradossali.
VYGOTSKIJ L.S. (ed.or.1934), *Pensiero e linguaggio*, Laterza, Bari 1992.
VON FOERSTER H. (ed. or. 1981), *Sistemi che osservano*, Astrolabio, Roma

1987.
WALSH F. (a cura di) (ed.or.1982), *Stili di funzionamento familiare*, Angeli, Milano, 1986.
WATZLAWICK P., WEAKLAND J. H., FISCH R. (ed. or. 1974), *Change*, Astrolabio, Roma (1974).
WATZLAWICK P. (ed.or.1976), *La realtà della realtà*, Astrolabio, Roma 1976.
WATZLAWICK P., BEAVIN J.H., JACKSON D.D. (a cura di) (ed.or.1967), *Pragmatica della comunicazione umana*, Astrolabio, Roma 1971.
WATZLAWICK P., WEAKLAND J. H. (ed.or.1976), *La prospettiva relazionale*, Astrolabio, Roma 1978.
WEAKLAND J. H., HERR J. J. (1979), *L'anziano e la sua famiglia*, La Nuova Italia Scientifica, Roma (1986).
WHITEHEAD A. N., RUSSELL B. (1910 - 1913), *Principia mathematica 3.voll.*, Cambridge University Press, Cambridge.
WITTGENSTEIN L. (ed. or. 1922), *Tractatus Logico-Philosophicus*, Einaudi, Torino 1961.
ZINI M. T., MIODINI S. (1997), *Il colloquio di aiuto*, Carocci, Roma.
ZINI M. T., MIODINI S. (1999), *Il gruppo. Uno strumento di intervento nel sociale*, Carocci, Roma.
ZUK G. H., BOSZORMENY - NAGY (ed.or.1967), *La famiglia*, Armando, Roma 1970.

译后记

本书作者是国际社会工作教育联盟主席 Annamaria Campanini，她的著作颇具学术价值与理论深度，同时是指导社会工作实践的工具性书籍，曾被翻译成英文、西班牙文等。

2012 年，我与本书作者 Annamaria 在英国杜伦大学举办的国际研讨会上相识。当时我在意大利都灵大学法学院做访问学者，回到意大利，我专程到米兰拜访她，从此，我们一直保持联络。现在，作为外国专家，她经常来中国交流，参加国际学术研讨会。在一次研讨会后，我们在交流时谈起这本书，她希望我翻译成中文，于是我欣然接受。

写书不易，翻译亦难。自 2017 年寒假伊始至 2018 年 6 月，我每日字斟句酌，沉浸在中意双语的世界中。翻译初稿完成后并未立即交出版社，而是沉淀了几个月，我从头再次审阅、检查、校译，不断完善。

翻译亦是学习的过程。本书旁征博引，跨越多个学科，将系统理论作为基本视域，探讨了系统理论在社会工作专业应用的可能性，这既是对传统方法的继承与突破，也为社会工作整合方法开辟了一条路径。

本书视角独特，对我正在研究的课题具有重要的借鉴意义和参考价值。少年司法本身就是多学科、多部门、多领域下的制度，青少年犯罪的原因错综复杂、相互交织，从根本上解决青少年犯罪问题需要全系统模式介入。因此，我国青少年司法社会工作者在介入少年司法领域的时候需要系统视角，尤其是将少年的家庭系统作为重要的介入系统。

本书的完成得益于诸多师友相助。首先要感谢我的恩师徐永祥教授，他严谨治学的精神一直感染着我，入木三分的见解令人敬仰。本书出版的时候，徐老师已经永远地离开了我们。我想表达对先生的深切缅怀之情，先生风骨永存，先生的教诲我将铭刻于心。Annamaria 与徐老师也是挚友，每次来到中国都会受到徐老师的热情接待，因此，我们将本书献给敬爱的徐老师！

我还要感谢费梅苹教授、席小华教授在专业问题上给我的悉心指点！

感谢师弟刘军，在本书的翻译过程中，他提供了大量支持，给我很多鼓励。

感谢内蒙古大学的格根图雅老师对本书的支持。

感谢北京语言大学意大利语专业的老师，特别是赵秀英、郭谆谆老师，她们将我带入了意大利语的世界，让我可以欣赏意大利语歌曲，结交意大利朋友，感受意大利文化。

感激 2011 年一起在北京语言大学接受意大利语培训的所有小伙伴，他们在音乐界、数学界才华横溢，学习意大利语提升了他们的艺术造诣，也让我们拥有了许多快乐的时光与美好的回忆。

感谢家人的爱与陪伴！

杨　旭

2019 年 3 月

内容提要

本书阐述了系统介入方法的理论基础，提出社会工作系统模型的构建，系统视角在人际交往和环境沟通关系中的重要价值，并将服务视为组织与网络构建下的系统服务。作者特别剖析了家庭系统，认为系统分析是理解家庭的一把钥匙，也是对多问题家庭提供服务的重要方法。在系统分析时，社会工作者不仅要着眼案主系统，同时也要与机构系统和社会环境的宏观系统结合，在信息收集、评估、干预、面谈等一系列过程中运用系统介入方法。本书视角独特，所提倡的系统方式是对社会工作传统三大方法的整合与突破，是一种全新的视角和模式，同时也为教师、学生和社会工作者提供了助人关系的全球视野，对社会工作者的实务介入具有重要的参考价值。